KOMPLETNA KSIĄŻKA KUCHENNA Z KUKURYDZY W PUSZCE

Świętuj słodkie i pikantne smaki kukurydzy za pomocą 100 inspirowanych przepisów

Agnė Sukauskienė

Prawa autorskie ©2024

Wszelkie prawa zastrzeżone

Żadna część tej książki nie może być wykorzystywana ani rozpowszechniana w jakiejkolwiek formie i w jakikolwiek sposób bez odpowiedniej pisemnej zgody wydawcy i właściciela praw autorskich, z wyjątkiem krótkich cytatów użytych w recenzji. Niniejsza książka nie powinna być traktowana jako substytut porady lekarskiej, prawnej lub innej porady zawodowej.

SPIS TREŚCI

SPIS TREŚCI 3
WSTĘP 6
ZIARNA KUKURYDZY W KONSERWIE 7
   1. Włoski chleb kukurydziany 8
   2. Empanady z kukurydzą i homarem 10
   3. Kokosowe babeczki kukurydziane Mochi 13
   4. Pizza z kremem kukurydzianym 15
   5. Salsa z kukurydzy i czarnej fasoli 17
   6. Kremowa zupa kukurydziana 19
   7. Placuszki kukurydziane 21
   8. Hash kukurydziano-ziemniaczany 23
   9. Serowa zapiekanka kukurydziana 25
  10. Sałatka z kukurydzy i awokado 27
  11. Placki kukurydziane i cukiniowe 29
  12. Południowo-zachodnia sałatka kukurydziana 31
  13. Quiche z kukurydzy i bekonu 33
  14. Babeczki kukurydziane z masłem miodowym 35
  15. Dip z kukurydzy i kraba 37
  16. Zapiekanka z kukurydzą i kurczakiem 39
  17. Piersi z kurczaka nadziewane kukurydzą i szpinakiem 41
  18. Bruschetta kukurydziano-pomidorowa 43
  19. Zapiekanka z kukurydzy i brokułów 45
  20. Tacos z kukurydzą i krewetkami 47
  21. Grzyby faszerowane kukurydzą i boczkiem 49
  22. Quesadillas z kukurydzą i serem 51
  23. Zupa kukurydziano-pomidorowa 53
  24. Sałatka z kukurydzy i tuńczyka 55
  25. Sałatka z kukurydzy i ziemniaków 57
  26. Zupa z kukurydzy i szynki 59
  27. Zupa kukurydziano-ziemniaczana 61
  28. Sałatka z makaronem z kukurydzą i bekonem 63
  29. Quesadillas kukurydziano-szpinakowa 65
KUKURYDZA KONSEROWANA 67
  30. Arancini ze słodkiej kukurydzy 68
  31. Sałatka ze szpinakiem i tuńczykiem 71
  32. Sałatka z tuńczykiem, awokado, grzybami i mango 73
  33. Sałatka z łososiem Margarita 75
  34. Kanapka z sałatką z tuńczyka i rzodkiewki 78
  35. Sałatka z czerwonej fasoli z Guacamole 80
  36. Naśladowane kulki warzywne z Ikei 82
  37. Suflet kukurydziany 84

38. Krem ze słodkiej kukurydzy Brûlée 86
39. Zupa ze słodkiej kukurydzy 88
40. Sałatka z kukurydzą i pomidorami 90
41. Dip ze słodkiej kukurydzy i bekonu 92
42. Salsa ze słodkiej kukurydzy i awokado 94
43. Makaron ze słodkiej kukurydzy i bekonu 96
44. Quesadillas ze słodkiej kukurydzy i szpinaku 98
45. Zupa ze słodkiej kukurydzy i szynki 100
46. Empanady ze słodkiej kukurydzy i sera 102
47. Enchilada z kukurydzą i kurczakiem 104
48. Smażona kukurydza i warzywa 106
49. Zupa ze słodkiej kukurydzy i krabów 108
50. Placuszki z kukurydzy i cukinii 110
51. Sałatka z kukurydzą i krewetkami 112
52. Muffinki z kukurydzą i serem Cheddar 114
53. Jalapeños zawijane w słodką kukurydzę i bekon 116
54. Placuszki z kukurydzy i cukinii 118
55. Ciasta kukurydziane i krabowe 120
56. Zupa ze słodkiej kukurydzy i pomidorów 122
57. Sałatka ze słodkiej kukurydzy i awokado 124
58. Sałatka z kukurydzy i ziemniaków 126
59. Słodka kukurydza i ryż z kolendrą i limonką 128
60. Muffinki z kukurydzą i serem Cheddar 130
61. Tacos ze słodką kukurydzą i wołowiną 132
62. Chilijskie paczki z kukurydzą 134
63. Zupa z plamiaka i kukurydzy 136
64. Sałatka Bułgarska z Ciecierzycą i Kukurydzą 138
65. Zupa z dyni, kukurydzy i fasoli 140
66. Nadzienie kukurydziano-grzybowe 142
67. Ciastka kukurydziane 144
68. Fondue kukurydziane 146
69. Babeczki kukurydziane z łososiem 148
70. Kukurydza w kocu 150
71. Muffinki kukurydziane 152
72. Paczki Kukurydziane z Masłem Kreolskim 154
73. Polenta kukurydziana z pikantnym sosem pomidorowym 156
74. Mieszanka warzyw z kukurydzy cukrowej z krewetkami i makaronem 158
75. Pieczeń tempeh i kukurydzy z grzybami 160
76. Placki kukurydziane z chipsami ze słodkich ziemniaków 162
77. Zupa pomidorowa, kukurydziana i bazyliowa z grzankami z pesto 164
78. Pizza z Tuńczykiem i Kukurydzą 166

KREM Z KUKURYDZY W PUSZCE 168

79. Naleśniki kukurydziane z kremem 169
80. Chleb kukurydziany z kremem 171

81. QUICHE Z KREMEM KUKURYDZIANYM ZE SŁODKICH ZIEMNIAKÓW 173
82. MAKARON Z TUŃCZYKIEM I KREMEM KUKURYDZIANYM 175
83. CIASTO KUKURYDZIANE 177
84. ZUPA KUKURYDZIANA 179
85. KARAIBSKI CHLEB KUKURYDZIANY HABANERO 182
86. EKSTRAWAGANCKIE BABECZKI Z KARMELOWYM POPCORNEM 184
87. ZUPA KUKURYDZIANA Z KOMOSY RYŻOWEJ 187
88. ZAPIEKANKA Z KREMEM KUKURYDZIANYM 189
89. KREMOWY DIP KUKURYDZIANY 191
90. PIERSI Z KURCZAKA NADZIEWANE KREMEM KUKURYDZIANO-SZPINAKOWYM 193
91. QUICHE Z KREMEM KUKURYDZIANYM I SZYNKĄ 195
92. GRZYBY FASZEROWANE KUKURYDZĄ I BOCZKIEM W KREMIE 197
93. ZAPIEKANKA ŚNIADANIOWA Z KUKURYDZĄ I KIEŁBASĄ W ŚMIETANIE 199
94. PAPRYKA FASZEROWANA KUKURYDZĄ I KRABEM W KREMIE 201
95. CIASTO Z KUKURYDZĄ I KURCZAKIEM W ŚMIETANIE 203
96. SKÓRKI ZIEMNIAKÓW W KREMIE Z KUKURYDZĄ I BOCZKIEM 205
97. KREMOWE PAPRYCZKI JALAPENO Z KUKURYDZĄ I BEKONEM 207
98. JAJKA FASZEROWANE KUKURYDZĄ I BOCZKIEM W KREMIE 209
99. PIERSI Z KURCZAKA NADZIEWANE KUKURYDZĄ I SEREM CHEDDAR 211
100. ZAPIEKANKA Z KREMEM KUKURYDZIANO-ZIEMNIACZANYM 213

WNIOSEK 215

WSTĘP

Witamy w „Kompletnej książce kucharskiej z kukurydzą w puszkach", w której celebrujemy słodkie i pikantne smaki kukurydzy za pomocą 100 inspirowanych przepisów, które pokazują wszechstronność i smakowitość tego skromnego podstawowego składnika spiżarni. Kukurydza w puszkach, często pomijana w sferze kulinarnej kreatywności, to wszechstronny składnik, który dzięki słodkim, złocistym ziarnom może ulepszyć każde danie. W tej książce kucharskiej wyruszamy w kulinarną podróż, aby odkryć niezliczone sposoby, dzięki którym kukurydza w puszkach może przekształcić zwykłe posiłki w niezwykłe doznania kulinarne. W tej książce kucharskiej odkryjesz skarbnicę przepisów, które celebrują bogate i różnorodne smaki kukurydzy w puszkach. Od pocieszających zup i pożywnych zapiekanek po żywe sałatki i aromatyczne dania główne – każdy przepis został opracowany tak, aby pokazać słodko-pikantną dobroć tego ukochanego składnika. Niezależnie od tego, czy gotujesz dla tłumu, czy delektujesz się przytulnym posiłkiem w domu, kukurydza w puszkach dodaje głębi i bogactwa każdemu daniu, którego dotknie. Tym, co wyróżnia „Kompletną książkę kucharską z kukurydzą w puszkach", jest nacisk na kreatywność i przystępność. Niezależnie od tego, czy jesteś doświadczonym szefem kuchni, czy początkującym kucharzem, te przepisy zostały zaprojektowane tak, aby były przystępne i łatwe do dostosowania, przy użyciu prostych składników i łatwych do stosowania technik. Mając kukurydzę w puszkach jako swoją tajną broń, będziesz mieć moc przekształcenia zwykłej przekąski w niezwykłe doznania kulinarne, które zachwycą Twoje kubki smakowe i zaimponują gościom.

W tej książce kucharskiej znajdziesz praktyczne wskazówki dotyczące włączania kukurydzy w puszkach do ulubionych przepisów, a także wspaniałe zdjęcia, które zainspirują Cię do kulinarnych przygód. Niezależnie od tego, czy eksplorujesz klasyczne, komfortowe dania, czy eksperymentujesz z międzynarodowymi smakami, „Kompletna książka kucharska z kukurydzą w puszkach" zaprasza Cię do uwolnienia swojej kreatywności w kuchni i odkrycia nieskończonych możliwości tego wszechstronnego składnika.

ZIARNA KUKURYDZY KONSERWOWANEJ

1. Włoski chleb kukurydziany

SKŁADNIKI:
- 1 ½ szklanki drobnej mąki kukurydzianej
- 2 filiżanki mąki uniwersalnej
- 2 łyżeczki proszku do pieczenia
- 1 łyżeczka soli
- ¼ szklanki granulowanego cukru
- 2 duże jajka
- 1 szklanka maślanki
- ½ szklanki oleju roślinnego
- ⅓ szklanki ziaren kukurydzy (z puszki)

INSTRUKCJE:
a) Rozgrzej piekarnik do 180°C (350°F) i nasmaruj formę do pieczenia lub naczynie do pieczenia olejem lub masłem.
b) W dużej misce wymieszaj mąkę kukurydzianą, mąkę uniwersalną, proszek do pieczenia, sól i cukier granulowany, aż dobrze się połączą.
c) W osobnej misce ubij jajka, maślankę i olej roślinny, aż dobrze się wymieszają.
d) Wlać mokre składniki do suchych i wymieszać tylko do połączenia. Nie przesadzaj.
e) Do ciasta włóż ziarna kukurydzy.
f) Ciasto wlać do natłuszczonej formy do pieczenia lub naczynia do pieczenia, równomiernie je rozprowadzając.
g) Piec w nagrzanym piekarniku przez około 30-35 minut lub do momentu, aż wykałaczka wbita w środek będzie sucha.
h) Wyjmij Pane di Mais z piekarnika i pozostaw do ostygnięcia na blasze przez kilka minut. Następnie przełożyć na kratkę do całkowitego wystygnięcia.
i) Po ostygnięciu pokrój i podawaj Pane di Mais według uznania.

2.Empanadas Z Kukurydzy I Homara

SKŁADNIKI:
CIASTO:
- 1 ¼ szklanki wody
- 2 łyżki tłuszczu roślinnego lub smalcu
- 1 łyżka soli
- 4 szklanki mąki uniwersalnej
- 1 łyżeczka octu szampańskiego

POŻYWNY:
- ¼ szklanki (½ kostki) niesolonego masła
- 2 łyżki pokrojonej w kostkę cebuli hiszpańskiej
- ¼ szklanki plus 2 łyżki mąki uniwersalnej
- 2 łyżki białego wina
- 1 szklanka pełnego mleka
- 1 szklanka ziaren kukurydzy (z puszki)
- ¼ łyżeczki mielonego kminku
- ¼ łyżeczki słodkiej wędzonej papryki
- ⅛ łyżeczki mielonej kolendry
- Sól i pieprz do smaku
- 1 szklanka grubo posiekanego gotowanego mięsa homara (z około 1-funtowego homara, gotowanego przez 7 minut i zszokowanego w lodowatej wodzie)
- ¾ szklanki startego ostrego sera Cheddar
- 2 łyżki posiekanego szczypiorku
- 2 żółtka wymieszane z 2 łyżkami wody

INSTRUKCJE:
PRZYGOTUJ CIASTO:
a) W małym rondlu wymieszaj wodę, tłuszcz (lub smalec) i sól. Doprowadzić do wrzenia, następnie zdjąć z ognia i odstawić na 5 minut.

b) Do miski miksera wyposażonego w hak do wyrabiania ciasta wsyp mąkę. Dodaj mieszaninę wody i ocet szampański.

c) Mieszaj na średniej prędkości aż do połączenia, następnie zwiększ prędkość i mieszaj przez około 5 minut, aż ciasto uformuje kulę i będzie czysto odchodzić od ścianek miski. W razie potrzeby dodać łyżkę wody.

d) Wyjmij ciasto z miski, przykryj folią i pozostaw na 10 minut w temperaturze pokojowej.
e) Ciasto pokroić na ćwiartki.
f) Rozwałkuj kawałek ciasta na arkusz o grubości ⅛ cala, używając nasadki do wałkowania makaronu lub wałka do ciasta.
g) Za pomocą okrągłego noża o średnicy 4 ½ cala wytnij z arkusza 2 koła.
h) Krążki z ciasta układamy na wyłożonej pergaminem blasze i przykrywamy kolejną warstwą pergaminu. Powtórzyć z pozostałymi kawałkami ciasta.
i) Schłodzić przez co najmniej 2 godziny.

PRZYGOTUJ NADZIENIE:
j) Na ciężkiej patelni, na średnim ogniu, rozpuść masło.
k) Dodaj pokrojoną w kostkę cebulę i smaż, aż będzie przezroczysta (około 2 minut).
l) Dodać mąkę i wymieszać do połączenia.
m) Dodać białe wino i mleko. Zmniejsz ogień i ciągle mieszaj, aż mieszanina zgęstnieje (około 2 minut).
n) Dodać kukurydzę, kminek, paprykę, kolendrę, doprawić solą i pieprzem.
o) Zdejmij z ognia i dodaj mięso homara, ser cheddar i szczypiorek. Odstawić do ostygnięcia.

MONTAŻ EMPANAD:
p) Rozgrzej piekarnik do 425 stopni F.
q) Połóż krążki ciasta na lekko posypanej mąką powierzchni.
r) Na środek koła nałóż czubatą łyżkę farszu kukurydziano-homarowego.
s) Brzegi ciasta posmaruj rozmąconym żółtkiem.
t) Złóż koło, dociśnij krawędzie palcami lub widelcem, aby je zamknąć i połóż na blasze do pieczenia.
u) Powtarzaj, aż wszystkie empanady zostaną wypełnione.
v) Piec empanady, aż staną się złotobrązowe i puszyste, co zajmuje około 15 do 20 minut.
w) Podawaj empanady na ciepło.

3. Kokosowe muffinki kukurydziane Mochi

SKŁADNIKI:

- ½ szklanki roztopionego, niesolonego masła
- ⅓ szklanki miodu
- 2 łyżki brązowego cukru
- 1 duże jajko, ubite
- 1 szklanka mleka kokosowego
- 1 szklanka mąki kukurydzianej
- 1 szklanka mąki mochiko
- 1 łyżeczka proszku do pieczenia
- ½ łyżeczki sody oczyszczonej
- ⅛ łyżeczki soli
- 1 szklanka ziaren kukurydzy z puszki
- Masło miodowe do podania

INSTRUKCJE:

a) Rozgrzej piekarnik do 425F. Nasmaruj każdą formę do muffinów olejem roślinnym lub roztopionym masłem.
b) W misce wymieszaj roztopione masło, miód, brązowy cukier, ubite jajko i mleko kokosowe, aż dobrze się połączą. Odłożyć na bok.
c) W osobnej dużej misce wymieszaj mąkę kukurydzianą, mąkę mochiko, proszek do pieczenia, sodę oczyszczoną i sól, aż się połączą.
d) Wlać mokre składniki do suchych i wymieszać do połączenia. Włóż ziarna kukurydzy, uważając, aby ich nie wymieszać.
e) Łyżką włóż ciasto do formy na muffinki.
f) Piec muffinki mochi z kokosowym chlebem kukurydzianym przez około 20-25 minut, aż wierzch się zarumieni, a środek będzie ugotowany. Użyj wykałaczki, aby sprawdzić, czy jest gotowe; powinno wyjść czyste.
g) Przed wyjęciem muffinek z formy należy pozostawić je na kilka minut do ostygnięcia.
h) Podawaj ciepłe muffinki mochi z mąki kukurydzianej kokosowej z masłem miodowym.

4.Pizza z kremem kukurydzianym

SKŁADNIKI:
- ½ przepisu na tradycyjne włoskie ciasto podstawowe
- 10 pomidorków winogronowych lub wiśniowych przekrojonych na pół
- ½ cebuli, posiekanej
- opcjonalnie pieprz czarny i płatki czerwonej papryki
- Chorizo się kruszy, Pół szklanki
- 6 listków świeżej bazylii

DO KREMOWEGO SOSU KUKURYDZY
- 1/2 szklanki mleka kokosowego z puszki
- 1 łyżka drożdży odżywczych,
- 1¾ szklanki ziaren kukurydzy w puszkach, podzielone, rozmrożone
- ¾ łyżeczki soli morskiej
- 2 łyżki masła, zmiękczone
- 2 łyżki skrobi z tapioki
- 1 ząbek czosnku
- 1 łyżeczka cukru trzcinowego

INSTRUKCJE:
a) Zmieszaj 1¼ szklanki kukurydzy z pozostałymi składnikami sosu.
b) Rozciągnij ciasto do średnicy 12 cali.
c) Przenieś na blachę lub kamień do pizzy.
d) Na cieście rozsmaruj około połowy kremowego sosu kukurydzianego.
e) Dodaj cebulę, pomidory, chorizo i ostatnie pół szklanki kukurydzy.
f) Piec 15–17 minut.
g) Posyp świeżą bazylią, czarnym pieprzem i płatkami czerwonej papryki.

5. Salsa z kukurydzy i czarnej fasoli

SKŁADNIKI:
- 1 puszka (15 uncji) ziaren kukurydzy, odsączonych
- 1 puszka (15 uncji) czarnej fasoli, odsączona i przepłukana
- 1 duży pomidor, pokrojony w kostkę
- 1/2 czerwonej cebuli, drobno posiekanej
- 1/4 szklanki posiekanej świeżej kolendry
- Sok z 2 limonek
- Sól i pieprz do smaku
- Opcjonalnie: pokrojone w kostkę jalapeno na ciepło

INSTRUKCJE:
a) W dużej misce połącz ziarna kukurydzy, czarną fasolę, pokrojony w kostkę pomidor, posiekaną czerwoną cebulę i kolendrę.
b) Wyciśnij sok z limonki nad mieszaninę i delikatnie wymieszaj, aby połączyć.
c) Doprawiamy solą i pieprzem do smaku. W razie potrzeby dodaj pokrojone w kostkę jalapeno, aby uzyskać dodatkowe ciepło.
d) Odstawić do lodówki na co najmniej 30 minut, aby smaki się przegryzły.
e) Podawać z chipsami tortilla lub jako dodatek do tacos lub mięs z grilla.

6. Kremowa zupa kukurydziana

SKŁADNIKI:

- 2 puszki (15 uncji każda) ziaren kukurydzy, odsączone
- 4 plasterki boczku, pokrojone w kostkę
- 1 cebula, posiekana
- 2 ziemniaki, pokrojone w kostkę
- 4 szklanki bulionu z kurczaka lub warzyw
- 1 szklanka gęstej śmietanki
- Sól i pieprz do smaku
- Posiekany świeży szczypiorek do dekoracji (opcjonalnie)

INSTRUKCJE:

a) W dużym garnku lub holenderskim piekarniku usmaż pokrojony w kostkę boczek na średnim ogniu, aż będzie chrupiący. Wyjmij boczek łyżką cedzakową i odłóż na bok, pozostawiając tłuszcz z boczku w garnku.
b) Dodaj posiekaną cebulę do garnka i smaż, aż zmięknie, około 5 minut.
c) Dodaj pokrojone w kostkę ziemniaki i gotuj przez dodatkowe 5 minut.
d) Do garnka dodaj odsączone ziarna kukurydzy i bulion drobiowy lub warzywny. Doprowadź do wrzenia i gotuj, aż ziemniaki będą miękkie, około 15-20 minut.
e) Użyj blendera zanurzeniowego, aby częściowo zmiksować zupę, aż do uzyskania pożądanej konsystencji, pozostawiając nienaruszone kawałki ziemniaków i kukurydzy.
f) Wymieszać z gęstą śmietaną i doprawić solą i pieprzem do smaku.
g) Podawać na gorąco, udekorowane posiekanym świeżym szczypiorkiem i chrupiącym boczkiem.

7.Placuszki kukurydziane

SKŁADNIKI:
- 1 puszka (15 uncji) ziaren kukurydzy, odsączonych
- 1/2 szklanki mąki uniwersalnej
- 1/4 szklanki mąki kukurydzianej
- 1 łyżeczka proszku do pieczenia
- 1/2 łyżeczki soli
- 1/4 łyżeczki czarnego pieprzu
- 1/4 szklanki mleka
- 1 jajko, ubite
- 2 łyżki roztopionego masła
- olej do smażenia

INSTRUKCJE:
a) W dużej misce wymieszaj mąkę, mąkę kukurydzianą, proszek do pieczenia, sól i czarny pieprz.
b) W osobnej misce połącz mleko, roztrzepane jajko i roztopione masło.
c) Wlać mokre składniki do suchych i wymieszać tylko do połączenia. Dodać odsączone ziarna kukurydzy.
d) Rozgrzej olej na dużej patelni na średnim ogniu.
e) Na rozgrzany olej nakładać łyżką ciasto, lekko je rozprowadzając grzbietem łyżki.
f) Smażyć placki na złoty kolor z jednej strony, następnie odwrócić i smażyć na złoty kolor z drugiej strony, około 2-3 minuty na stronę.
g) Zdejmij placki z patelni i odsącz na ręcznikach papierowych.
h) Podawać na gorąco jako dodatek lub przystawkę, opcjonalnie ze śmietaną lub wybranym sosem.

8.Hash Kukurydziano-Ziemniaczany

SKŁADNIKI:
- 1 puszka (15 uncji) ziaren kukurydzy, odsączonych
- 2 duże ziemniaki, obrane i pokrojone w kostkę
- 1 cebula, pokrojona w kostkę
- 2 ząbki czosnku, posiekane
- 2 łyżki oliwy z oliwek
- 1 łyżeczka papryki
- Sól i pieprz do smaku
- Posiekana świeża pietruszka do dekoracji

INSTRUKCJE:
a) Rozgrzej oliwę z oliwek na dużej patelni na średnim ogniu.
b) Dodaj pokrojone w kostkę ziemniaki na patelnię i smaż, aż zaczną się rumienić, około 8-10 minut.
c) Dodaj pokrojoną w kostkę cebulę i posiekany czosnek na patelnię i smaż, aż zmiękną, około 5 minut.
d) Wymieszać z odsączonymi ziarnami kukurydzy i papryką. Gotuj przez kolejne 5 minut, od czasu do czasu mieszając.
e) Doprawiamy solą i pieprzem do smaku.
f) Podawać gorące, udekorowane posiekaną świeżą natką pietruszki.

9. Serowa zapiekanka kukurydziana

SKŁADNIKI:

- 2 puszki (15 uncji każda) ziaren kukurydzy, odsączone
- 1 puszka (14,75 uncji) kukurydzy w kremie
- 1/2 szklanki roztopionego masła
- 1 szklanka kwaśnej śmietany
- 1 pudełko (8,5 uncji) mieszanki na muffiny kukurydziane
- 2 szklanki startego sera Cheddar
- Sól i pieprz do smaku
- Opcjonalnie: pokrojona w plasterki zielona cebula do dekoracji

INSTRUKCJE:

a) Rozgrzej piekarnik do 175°C (350°F). Nasmaruj naczynie do pieczenia o wymiarach 9 x 13 cali.
b) W dużej misce połącz odsączone ziarna kukurydzy, kukurydzę w śmietanie, roztopione masło, kwaśną śmietanę i mieszankę muffinów kukurydzianych. Dobrze wymieszaj.
c) Dodaj 1 szklankę startego sera Cheddar i dopraw solą i pieprzem.
d) Powstałą masę wlać do przygotowanej formy do pieczenia i równomiernie rozprowadzić.
e) Posyp pozostałą 1 szklanką startego sera Cheddar na wierzchu.
f) Piec w nagrzanym piekarniku przez 45-50 minut lub do momentu, aż zapiekanka stwardnieje i uzyska złocisty kolor z wierzchu.
g) Przed podaniem ostudzić na kilka minut.
h) W razie potrzeby udekoruj pokrojoną w plasterki zieloną cebulą.

10. Sałatka z kukurydzy i awokado

SKŁADNIKI:
- 1 puszka (15 uncji) ziaren kukurydzy, odsączonych
- 2 dojrzałe awokado, pokrojone w kostkę
- 1 litr pomidorków koktajlowych, przekrojonych na połówki
- 1/4 szklanki czerwonej cebuli, drobno posiekanej
- 1/4 szklanki posiekanej świeżej kolendry
- Sok z 1 limonki
- 2 łyżki oliwy z oliwek
- Sól i pieprz do smaku

INSTRUKCJE:
a) W dużej misce połącz odsączone ziarna kukurydzy, pokrojone w kostkę awokado, przekrojone na pół pomidorki koktajlowe, posiekaną czerwoną cebulę i posiekaną kolendrę.
b) W małej misce wymieszaj sok z limonki i oliwę z oliwek. Doprawiamy solą i pieprzem do smaku.
c) Sosem polej sałatkę i delikatnie wymieszaj, aby składniki się połączyły.
d) Podawać natychmiast lub przechowywać w lodówce do 1 godziny przed podaniem, aby smaki się przegryzły.

11. Placuszki z kukurydzy i cukinii

SKŁADNIKI:
- 1 puszka (15 uncji) ziaren kukurydzy, odsączonych
- 1 średnia cukinia, starta
- 2 zielone cebule, pokrojone w cienkie plasterki
- 1/4 szklanki mąki uniwersalnej
- 1/4 szklanki startego parmezanu
- 1 jajko, ubite
- 1/2 łyżeczki czosnku w proszku
- Sól i pieprz do smaku
- Oliwa z oliwek do smażenia

INSTRUKCJE:
a) W dużej misce połącz odsączone ziarna kukurydzy, startą cukinię, pokrojoną w plasterki zieloną cebulę, mąkę, parmezan, ubite jajko, proszek czosnkowy, sól i pieprz. Mieszaj, aż dobrze się połączą.
b) Rozgrzej oliwę z oliwek na dużej patelni na średnim ogniu.
c) Na gorący olej wrzucaj łyżki mieszanki kukurydzy i cukinii, lekko je spłaszczając grzbietem łyżki.
d) Smażyć placki na złoty kolor z jednej strony, następnie odwrócić i smażyć na złoty kolor z drugiej strony, około 3-4 minuty na stronę.
e) Zdejmij placki z patelni i odsącz na ręcznikach papierowych.
f) Podawać na gorąco, opcjonalnie z kleksem kwaśnej śmietany lub odrobiną soku z limonki.

12. Południowo-zachodnia sałatka kukurydziana

SKŁADNIKI:
- 2 puszki (15 uncji każda) ziaren kukurydzy, odsączone
- 1 czerwona papryka, pokrojona w kostkę
- 1 zielona papryka, pokrojona w kostkę
- 1/2 czerwonej cebuli, drobno posiekanej
- 1/4 szklanki posiekanej świeżej kolendry
- Sok z 2 limonek
- 2 łyżki oliwy z oliwek
- 1 łyżeczka mielonego kminku
- Sól i pieprz do smaku
- Opcjonalnie: pokrojone w kostkę awokado do dekoracji

INSTRUKCJE:
a) W dużej misce połącz odsączone ziarna kukurydzy, pokrojoną w kostkę czerwoną paprykę, pokrojoną w kostkę zieloną paprykę, posiekaną czerwoną cebulę i posiekaną kolendrę.
b) W małej misce wymieszaj sok z limonki, oliwę z oliwek, mielony kminek, sól i pieprz.
c) Sosem polej sałatkę i delikatnie wymieszaj, aby składniki się połączyły.
d) Jeśli chcesz, przed podaniem udekoruj pokrojonym w kostkę awokado.
e) Podawać schłodzone lub w temperaturze pokojowej.

13. Quiche z kukurydzy i bekonu

SKŁADNIKI:
- 1 przygotowany spód ciasta
- 1 puszka (15 uncji) ziaren kukurydzy, odsączonych
- 6 plasterków boczku, ugotowanych i pokruszonych
- 1 szklanka startego sera cheddar
- 4 duże jajka
- 1 szklanka pół na pół
- Sól i pieprz do smaku
- szczypta gałki muszkatołowej

INSTRUKCJE:
a) Rozgrzej piekarnik do 190°C (375°F).
b) Przygotowany spód ciasta ułożyć w formie do ciasta.
c) Posyp równomiernie odsączone ziarna kukurydzy, ugotowany i pokruszony bekon oraz pokruszony ser cheddar na spód ciasta.
d) W osobnej misce wymieszaj jajka, pół na pół, sól, pieprz i gałkę muszkatołową.
e) Wlać mieszaninę jajek na kukurydzę, bekon i ser na cieście.
f) Piec w nagrzanym piekarniku przez 35-40 minut lub do momentu, aż quiche się zetnie i wierzch będzie złocistobrązowy.
g) Odczekaj kilka minut przed pokrojeniem i podaniem.

14. Muffinki kukurydziane z masłem miodowym

SKŁADNIKI:
- 1 puszka (15 uncji) ziaren kukurydzy, odsączonych
- 1 Mąkę o wszechstronnym przeznaczeniu
- 1 szklanka żółtej mąki kukurydzianej
- 1/4 szklanki granulowanego cukru
- 1 łyżka proszku do pieczenia
- 1/2 łyżeczki soli
- 1 szklanka mleka
- 1/4 szklanki oleju roślinnego
- 1/4 szklanki miodu
- 2 duże jajka
- 1/2 szklanki niesolonego masła, zmiękczonego
- 2 łyżki miodu

INSTRUKCJE:
a) Rozgrzej piekarnik do 400°F (200°C). Formę do muffinów lub wyłóż papierowymi papilotkami natłuść.
b) W dużej misce wymieszaj mąkę, mąkę kukurydzianą, cukier, proszek do pieczenia i sól.
c) W drugiej misce wymieszaj mleko, olej roślinny, miód i jajka.
d) Wlać mokre składniki do suchych i wymieszać tylko do połączenia. Dodać odsączone ziarna kukurydzy.
e) Rozłóż ciasto równomiernie pomiędzy foremki na muffiny, wypełniając każdą do około 2/3 wysokości.
f) Piec w nagrzanym piekarniku przez 15-18 minut lub do momentu, aż ciasto będzie złocistobrązowe, a wykałaczka wbita w środek będzie czysta i wyjdzie czysta.
g) W czasie pieczenia muffinów przygotuj masło miodowe, mieszając miękkie masło z miodem na gładką masę.
h) Podawaj ciepłe babeczki kukurydziane z masłem miodowym.

15.Dip z kukurydzy i kraba

SKŁADNIKI:
- 1 puszka (15 uncji) ziaren kukurydzy, odsączonych
- 8 uncji kawałka mięsa krabowego, zebranego na muszle
- 8 uncji serka śmietankowego, zmiękczonego
- 1/2 szklanki majonezu
- 1/2 szklanki kwaśnej śmietany
- 1 szklanka startego sera mozzarella
- 1/4 szklanki startego parmezanu
- 2 zielone cebule, pokrojone w cienkie plasterki
- 1 łyżeczka sosu Worcestershire
- 1/2 łyżeczki czosnku w proszku
- Sól i pieprz do smaku
- Opcjonalnie: posiekana świeża natka pietruszki do dekoracji
- Chipsy tortilla lub krakersy do podania

INSTRUKCJE:

a) Rozgrzej piekarnik do 190°C (375°F). Nasmaruj naczynie do pieczenia.

b) W dużej misce połącz odsączone ziarna kukurydzy, kawałki mięsa kraba, miękki serek śmietankowy, majonez, kwaśną śmietanę, posiekany ser mozzarella, tarty parmezan, pokrojoną w plasterki zieloną cebulę, sos Worcestershire, proszek czosnkowy, sól i pieprz. Mieszaj, aż dobrze się połączą.

c) Przełóż masę do przygotowanej formy do pieczenia i równomiernie ją rozprowadź.

d) Piec w nagrzanym piekarniku przez 25-30 minut lub do momentu, aż będzie gorące i musujące.

e) W razie potrzeby przed podaniem udekoruj posiekaną świeżą pietruszką.

f) Podawać na gorąco z chipsami tortilla lub krakersami do maczania.

16.Zapiekanka z kukurydzy i kurczaka

SKŁADNIKI:
- 1 puszka (15 uncji) ziaren kukurydzy, odsączonych
- 2 szklanki gotowanego kurczaka, rozdrobnionego lub pokrojonego w kostkę
- 1 puszka (10,5 uncji) skondensowanego kremu z rosołu
- 1/2 szklanki kwaśnej śmietany
- 1 szklanka startego sera cheddar
- 1 szklanka pokruszonych krakersów maślanych (takich jak Ritz)
- 2 łyżki roztopionego masła
- Sól i pieprz do smaku

INSTRUKCJE:
a) Rozgrzej piekarnik do 175°C (350°F). Nasmaruj naczynie do pieczenia o wymiarach 9 x 13 cali.
b) W dużej misce połącz odsączone ziarna kukurydzy, ugotowanego kurczaka, skondensowaną śmietanę z rosołu, kwaśną śmietanę i pokruszony ser cheddar. Doprawiamy solą i pieprzem do smaku. Mieszaj, aż dobrze się połączą.
c) Przełóż masę do przygotowanej formy do pieczenia i równomiernie ją rozprowadź.
d) W małej misce wymieszaj pokruszone krakersy maślane i roztopione masło. Posyp powstałą mieszanką wierzch zapiekanki.
e) Piec w nagrzanym piekarniku przez 25-30 minut lub do momentu, aż będzie gorące i musujące.
f) Przed podaniem ostudzić na kilka minut.

17. Piersi z kurczaka nadziewane kukurydzą i szpinakiem

SKŁADNIKI:
- 4 piersi z kurczaka bez kości i skóry
- Sól i pieprz do smaku
- 1 puszka (15 uncji) ziaren kukurydzy, odsączonych
- 1 szklanka posiekanego świeżego szpinaku
- 1/2 szklanki startego sera mozzarella
- 1/4 szklanki startego parmezanu
- 1/4 szklanki majonezu
- 1 łyżka oliwy z oliwek
- 1 łyżeczka czosnku w proszku
- 1/2 łyżeczki papryki

INSTRUKCJE:
a) Rozgrzej piekarnik do 190°C (375°F). Nasmaruj naczynie do pieczenia.
b) Piersi z kurczaka doprawiamy solą i pieprzem.
c) W średniej misce połącz odsączone ziarna kukurydzy, posiekany świeży szpinak, posiekany ser mozzarella, tarty parmezan, majonez, oliwę z oliwek, czosnek w proszku i paprykę. Mieszaj, aż dobrze się połączą.
d) Wykonaj poziome nacięcie wzdłuż boku każdej piersi kurczaka, tworząc kieszeń.
e) Nadziewaj każdą pierś kurczaka mieszanką kukurydzy i szpinaku, dociskając, aby zamknąć otwór.
f) Umieść nadziewane piersi z kurczaka w przygotowanym naczyniu do pieczenia.
g) Piec w nagrzanym piekarniku przez 25-30 minut lub do momentu, aż kurczak będzie całkowicie ugotowany i nie będzie już różowy w środku.
h) Podawać na gorąco, opcjonalnie z dodatkiem warzyw gotowanych na parze lub ryżu.

18. Bruschetta z kukurydzy i pomidorów

SKŁADNIKI:

- 1 puszka (15 uncji) ziaren kukurydzy, odsączonych
- 1 litr pomidorków cherry, pokrojonych w ćwiartki
- 2 ząbki czosnku, posiekane
- 1/4 szklanki posiekanej świeżej bazylii
- 2 łyżki octu balsamicznego
- 2 łyżki oliwy z oliwek z pierwszego tłoczenia
- Sól i pieprz do smaku
- Plasterki bagietki, opiekane

INSTRUKCJE:

a) W dużej misce połącz odsączone ziarna kukurydzy, pokrojone w ćwiartki pomidorki koktajlowe, posiekany czosnek, posiekaną świeżą bazylię, ocet balsamiczny i oliwę z oliwek z pierwszego tłoczenia. Doprawiamy solą i pieprzem do smaku. Mieszaj, aż dobrze się połączą.
b) Pozostaw mieszaninę w temperaturze pokojowej na około 15-20 minut, aby smaki się połączyły.
c) Nałóż mieszaninę kukurydzy i pomidorów na podpieczone plastry bagietki.
d) Podawać natychmiast jako przystawkę lub przekąskę.

19.Zapiekanka z kukurydzy i brokułów

SKŁADNIKI:
- 1 puszka (15 uncji) ziaren kukurydzy, odsączonych
- 2 szklanki posiekanych różyczek brokułów
- 1 szklanka startego sera cheddar
- 1/2 szklanki majonezu
- 1/2 szklanki kwaśnej śmietany
- 1/4 szklanki startego parmezanu
- 1/4 szklanki bułki tartej
- 2 łyżki roztopionego masła
- Sól i pieprz do smaku

INSTRUKCJE:
a) Rozgrzej piekarnik do 175°C (350°F). Nasmaruj naczynie do pieczenia o wymiarach 9 x 13 cali.
b) W dużej misce połącz odsączone ziarna kukurydzy, posiekane różyczki brokułów, posiekany ser cheddar, majonez, kwaśną śmietanę i starty parmezan. Doprawiamy solą i pieprzem do smaku. Mieszaj, aż dobrze się połączą.
c) Przełóż masę do przygotowanej formy do pieczenia i równomiernie ją rozprowadź.
d) W małej misce wymieszaj bułkę tartą i roztopione masło. Posyp powstałą mieszanką wierzch zapiekanki.
e) Piec w nagrzanym piekarniku przez 25-30 minut lub do momentu, aż będzie gorące i musujące.
f) Przed podaniem ostudzić na kilka minut.

20. Tacos z kukurydzą i krewetkami

SKŁADNIKI:
- 1 puszka (15 uncji) ziaren kukurydzy, odsączonych
- 1 funt krewetek, obranych i oczyszczonych
- 1 łyżka oliwy z oliwek
- 1 łyżeczka chili w proszku
- 1/2 łyżeczki kminku
- Sól i pieprz do smaku
- 8 małych tortilli z mąki lub kukurydzy
- Dodatki: szatkowana sałata, pokrojone w kostkę pomidory, pokrojone w kostkę awokado, siekana kolendra, cząstki limonki

INSTRUKCJE:
a) Na dużej patelni rozgrzej oliwę z oliwek na średnim ogniu.
b) Dopraw krewetki chili w proszku, kminkiem, solą i pieprzem.
c) Dodaj przyprawione krewetki na patelnię i smaż, aż będą różowe i ugotowane, około 2-3 minuty z każdej strony.
d) Zdejmij krewetki z patelni i odłóż na bok.
e) Na tej samej patelni dodaj odsączone ziarna kukurydzy i gotuj, aż się rozgrzeją, około 2-3 minuty.
f) Podgrzej tortille zgodnie z instrukcją na opakowaniu.
g) Złóż tacos, umieszczając trochę ziaren kukurydzy i krewetek na każdej tortilli.
h) Na wierzch połóż posiekaną sałatę, pokrojone w kostkę pomidory, pokrojone w kostkę awokado, posiekaną kolendrę i wyciśnięty sok z limonki.
i) Natychmiast podawaj.

21. Grzyby faszerowane kukurydzą i bekonem

SKŁADNIKI:
- 1 puszka (15 uncji) ziaren kukurydzy, odsączonych
- 16 dużych grzybów, usunięto łodygi
- 6 plasterków boczku, ugotowanych i pokruszonych
- 1/2 szklanki startego sera mozzarella
- 1/4 szklanki startego parmezanu
- 2 zielone cebule, pokrojone w cienkie plasterki
- 2 łyżki bułki tartej
- 2 łyżki roztopionego masła
- Sól i pieprz do smaku

INSTRUKCJE:
a) Rozgrzej piekarnik do 190°C (375°F). Nasmaruj naczynie do pieczenia.
b) W dużej misce połącz odsączone ziarna kukurydzy, ugotowany i pokruszony boczek, posiekany ser mozzarella, tarty parmezan, pokrojoną w plasterki zieloną cebulę, bułkę tartą, roztopione masło, sól i pieprz. Mieszaj, aż dobrze się połączą.
c) Nafaszeruj każdą czapkę grzyba mieszanką kukurydzy i boczku, delikatnie dociskając, aby ją wypełnić.
d) Umieść nadziewane grzyby w przygotowanym naczyniu do zapiekania.
e) Piec w nagrzanym piekarniku przez 20-25 minut lub do momentu, aż grzyby będą miękkie, a nadzienie będzie złotobrązowe z wierzchu.
f) Przed podaniem ostudzić na kilka minut.

22. Quesadillas z kukurydzą i serem

SKŁADNIKI:
- 1 puszka (15 uncji) ziaren kukurydzy, odsączonych
- 2 szklanki startego sera (takiego jak Cheddar lub Monterey Jack)
- 8 małych tortilli pszennych
- 1 łyżka masła
- Dodatki do wyboru: salsa, śmietana, guacamole

INSTRUKCJE:
a) Rozgrzej dużą patelnię na średnim ogniu.
b) Posmaruj cienką warstwą masła po jednej stronie każdej tortilli.
c) Połóż tortillę masłem do dołu na patelni.
d) Tortillę równomiernie posypujemy tartym serem.
e) Dodaj warstwę odsączonych ziaren kukurydzy na wierzch sera.
f) Na wierzch połóż kolejną tortillę, masłem do góry.
g) Gotuj, aż dolna tortilla będzie złotobrązowa i chrupiąca, a ser się roztopi, około 2-3 minuty z każdej strony.
h) Powtórz tę czynność z pozostałymi tortillami i składnikami nadzienia.
i) Quesadillas pokroić w ćwiartki i podawać na gorąco, opcjonalnie z salsą, kwaśną śmietaną lub guacamole.

23. Zupa kukurydziano-pomidorowa

SKŁADNIKI:
- 1 puszka (15 uncji) ziaren kukurydzy, odsączonych
- 1 puszka (14,5 uncji) pokrojonych w kostkę pomidorów
- 1 cebula, pokrojona w kostkę
- 2 ząbki czosnku, posiekane
- 4 szklanki bulionu warzywnego lub drobiowego
- 1 łyżeczka suszonego tymianku
- Sól i pieprz do smaku
- Dodatki do wyboru: posiekana świeża bazylia, tarty parmezan

INSTRUKCJE:
a) W dużym garnku rozgrzej odrobinę oliwy z oliwek na średnim ogniu.
b) Dodaj pokrojoną w kostkę cebulę i posiekany czosnek do garnka i smaż, aż zmiękną, około 5 minut.
c) Dodajemy pokrojone w kostkę pomidory (wraz z sokiem) i odsączone ziarna kukurydzy. Gotuj przez kolejne 5 minut.
d) Dodać bulion warzywny lub drobiowy i suszony tymianek. Doprowadzić mieszaninę do wrzenia, następnie zmniejszyć ogień i gotować na wolnym ogniu przez 15-20 minut.
e) Za pomocą blendera zanurzeniowego zmiksuj zupę na gładką masę. Alternatywnie, przenieś zupę do blendera i zmiksuj na gładką masę, a następnie włóż ją z powrotem do garnka.
f) Doprawiamy solą i pieprzem do smaku.
g) Podawać na gorąco, opcjonalnie udekorowane posiekaną świeżą bazylią i tartym parmezanem.

24. Sałatka z kukurydzy i tuńczyka

SKŁADNIKI:
- 1 puszka (15 uncji) ziaren kukurydzy, odsączonych
- 2 puszki (po 5 uncji każda) tuńczyka, odsączone
- 1/2 czerwonej cebuli, drobno posiekanej
- 1/4 szklanki posiekanej świeżej pietruszki
- 2 łyżki majonezu
- 1 łyżka musztardy Dijon
- Sok z 1 cytryny
- Sól i pieprz do smaku
- Opcjonalnie: pokrojony w kostkę seler lub papryka dla dodatkowej chrupkości

INSTRUKCJE:
a) W dużej misce połącz odsączone ziarna kukurydzy, odsączonego tuńczyka, posiekaną czerwoną cebulę i posiekaną świeżą pietruszkę.
b) W małej misce wymieszaj majonez, musztardę Dijon i sok z cytryny.
c) Sosem polej sałatkę i delikatnie wymieszaj, aby składniki się połączyły.
d) Doprawiamy solą i pieprzem do smaku. W razie potrzeby dodaj pokrojony w kostkę seler lub paprykę, aby uzyskać dodatkową chrupkość.
e) Podawać schłodzone jako nadzienie do kanapek, na sałatach lub z krakersami.

25. Sałatka Z Kukurydzy I Ziemniaków

SKŁADNIKI:
- 1 puszka (15 uncji) ziaren kukurydzy, odsączonych
- 2 duże ziemniaki, ugotowane i pokrojone w kostkę
- 1/2 czerwonej cebuli, drobno posiekanej
- 1/4 szklanki posiekanego świeżego koperku
- 1/4 szklanki majonezu
- 2 łyżki musztardy Dijon
- 1 łyżka białego octu winnego
- Sól i pieprz do smaku
- Opcjonalnie: posiekane pikle lub kapary dla dodania smaku

INSTRUKCJE:
a) W dużej misce połącz odsączone ziarna kukurydzy, pokrojone w kostkę gotowane ziemniaki, posiekaną czerwoną cebulę i posiekany świeży koperek.
b) W małej misce wymieszaj majonez, musztardę Dijon i biały ocet winny.
c) Sosem polej sałatkę i delikatnie wymieszaj, aby składniki się połączyły.
d) Doprawiamy solą i pieprzem do smaku. W razie potrzeby dodaj posiekane pikle lub kapary, aby uzyskać dodatkowy smak.
e) Podawać schłodzone jako dodatek do drugiego dania lub jako lekki lunch.

26.Zupa z kukurydzy i szynki

SKŁADNIKI:
- 1 puszka (15 uncji) ziaren kukurydzy, odsączonych
- 1 szklanka gotowanej szynki pokrojonej w kostkę
- 2 ziemniaki, obrane i pokrojone w kostkę
- 1 cebula, pokrojona w kostkę
- 2 ząbki czosnku, posiekane
- 4 szklanki bulionu z kurczaka lub warzyw
- 1 szklanka gęstej śmietanki
- 2 łyżki masła
- 2 łyżki mąki uniwersalnej
- Sól i pieprz do smaku
- Posiekany świeży szczypiorek do dekoracji

INSTRUKCJE:
a) W dużym garnku rozpuść masło na średnim ogniu.
b) Dodaj pokrojoną w kostkę cebulę i posiekany czosnek do garnka i smaż, aż zmiękną, około 5 minut.
c) Wymieszaj pokrojoną w kostkę szynkę i pokrojone w kostkę ziemniaki. Gotuj przez kolejne 5 minut.
d) Całość posypać mąką i smażyć, ciągle mieszając, przez 2 minuty.
e) Stopniowo wlewaj bulion drobiowy lub warzywny, cały czas mieszając, aby nie utworzyły się grudki.
f) Doprowadź mieszaninę do wrzenia, następnie zmniejsz ogień i gotuj na wolnym ogniu przez 15–20 minut lub do momentu, aż ziemniaki będą miękkie.
g) Wymieszaj odsączone ziarna kukurydzy i gęstą śmietanę. Gotuj przez kolejne 5 minut.
h) Doprawiamy solą i pieprzem do smaku.
i) Podawać na gorąco, udekorowane posiekanym świeżym szczypiorkiem.

27. Zupa Kukurydziano-Ziemniaczana

SKŁADNIKI:

- 1 puszka (15 uncji) ziaren kukurydzy, odsączonych
- 2 ziemniaki, obrane i pokrojone w kostkę
- 1 cebula, posiekana
- 2 ząbki czosnku, posiekane
- 4 szklanki bulionu warzywnego lub drobiowego
- 1 szklanka mleka lub śmietanki
- 2 łyżki masła
- Sól i pieprz do smaku
- Posiekana świeża natka pietruszki lub szczypiorek do dekoracji

INSTRUKCJE:

a) W dużym garnku rozpuść masło na średnim ogniu.
b) Do garnka dodajemy posiekaną cebulę i przeciśnięty przez praskę czosnek. Gotuj, aż zmięknie, około 5 minut.
c) Dodaj pokrojone w kostkę ziemniaki i gotuj przez dodatkowe 5 minut.
d) Wlać bulion warzywny lub drobiowy i doprowadzić do wrzenia.
e) Zmniejsz ogień do małego i gotuj na wolnym ogniu, aż ziemniaki będą miękkie, około 15-20 minut.
f) Wymieszaj odsączone ziarna kukurydzy i mleko lub śmietanę. Gotuj przez kolejne 5 minut.
g) Doprawiamy solą i pieprzem do smaku.
h) Podawać na gorąco, udekorowane posiekaną świeżą natką pietruszki lub szczypiorkiem.

28.Sałatka z makaronem z kukurydzą i bekonem

SKŁADNIKI:
- 1 puszka (15 uncji) ziaren kukurydzy, odsączonych
- 8 uncji makaronu (takiego jak rotini lub penne), ugotowanego zgodnie z instrukcją na opakowaniu i ostudzonego
- 6 plasterków boczku, ugotowanych i pokruszonych
- 1 szklanka pomidorków koktajlowych, przekrojonych na połówki
- 1/4 szklanki posiekanej czerwonej cebuli
- 1/4 szklanki posiekanej świeżej bazylii
- 1/4 szklanki startego parmezanu
- 2 łyżki oliwy z oliwek
- 2 łyżki czerwonego octu winnego
- Sól i pieprz do smaku

INSTRUKCJE:
a) W dużej misce połącz odsączone ziarna kukurydzy, ugotowany i ostudzony makaron, pokruszony boczek, pomidorki koktajlowe, posiekaną czerwoną cebulę, posiekaną świeżą bazylię i starty parmezan.
b) W małej misce wymieszaj oliwę z oliwek i ocet winny. Doprawiamy solą i pieprzem do smaku.
c) Sosem polej sałatkę z makaronem i delikatnie wymieszaj, aby składniki się połączyły.
d) Podawać schłodzone lub w temperaturze pokojowej.

29.Quesadillas z kukurydzy i szpinaku

SKŁADNIKI:
- 1 puszka (15 uncji) ziaren kukurydzy, odsączonych
- 2 szklanki świeżych liści szpinaku
- 1 szklanka startego sera (takiego jak Monterey Jack lub pepper jack)
- 4 duże tortille pszenne
- Oliwa z oliwek lub masło do smażenia
- Dodatki do wyboru: salsa, śmietana, guacamole

INSTRUKCJE:
a) Na dużej patelni podsmaż liście szpinaku na średnim ogniu. Zdjąć z patelni i posiekać.
b) Na tej samej patelni na średnim ogniu rozgrzej odrobinę oliwy z oliwek lub masła.
c) Połóż tortillę na patelni i posyp równomiernie startym serem na połowie tortilli.
d) Na ser połóż posiekany szpinak i odsączone ziarna kukurydzy.
e) Złóż drugą połowę tortilli na nadzienie, aby uzyskać kształt półksiężyca.
f) Smaż, aż spód będzie złocistobrązowy i chrupiący, następnie ostrożnie przewróć i smaż drugą stronę, aż uzyskasz złoty kolor, a ser się roztopi.
g) Powtórz tę czynność z pozostałymi tortillami i składnikami nadzienia.
h) Quesadillas pokroić w ćwiartki i podawać na gorąco, opcjonalnie z salsą, kwaśną śmietaną lub guacamole.

KUKURYDZA KONSEROWANA

30.Arancini ze słodkiej kukurydzy

SKŁADNIKI:
- ½ łyżki oleju
- ¾ szklanki ryżu Arborio
- ½ średniej wielkości cebuli
- ½ ząbka zmiażdżonego czosnku
- 1 łodyga drobno posiekanego selera
- 2 ½ szklanki bulionu warzywnego (625 ml)
- ½ łyżki (2 łyżeczki) suszonego oregano
- ½ łyżeczki soli
- 40 gramów drobno startego parmezanu
- 1 puszka ziaren kukurydzy cukrowej (125 g)
- 60 gramów startej mozzarelli
- 2 łyżki mieszanki świeżych ziół (np. natki pietruszki i oregano)
- 2 jajka
- 1 szklanka bułki tartej
- ½ szklanki zwykłej mąki
- Olej roślinny lub z otrębów ryżowych do głębokiego smażenia

INSTRUKCJE:
a) Zacznij od umieszczenia bulionu w małym rondlu i delikatnie doprowadź go do wrzenia. Trzymaj pokrywkę, aby zapobiec parowaniu, ale upewnij się, że pozostaje ciepła do późniejszego użycia.

b) Rozgrzej oliwę na patelni i podsmaż cebulę, czosnek i seler na małym lub średnim ogniu, aż zmiękną. Unikaj ich brązowienia.

c) Dodaj ryż Arborio do mieszanki cebuli i gotuj, mieszając, przez około minutę, aż ryż stanie się lekko przezroczysty. Dodać ½ łyżeczki soli i oregano, następnie dokładnie wymieszać.

d) Stopniowo dodawaj chochlę (około 125 ml/½ szklanki) gotującego się bulionu do mieszanki ryżowej. Ciągle mieszaj drewnianą łyżką, aż ryż wchłonie cały bulion.

e) Kontynuuj ten proces, dodając po chochelce, ciągle mieszając i pozwalając, aby każda porcja bulionu została wchłonięta przed dodaniem kolejnej. Powinno to zająć około 15 minut lub do momentu, gdy ryż będzie miękki, ale nadal lekko twardy i nie papkowaty.

f) Wymieszaj parmezan i słodką kukurydzę, następnie przenieś mieszaninę do czystej miski i wstaw do lodówki na 1-2 godziny, aż całkowicie ostygnie. Możesz przyspieszyć proces chłodzenia, używając zamrażarki, ale uważaj, aby nie zamarzła.
g) Po całkowitym ostudzeniu dodać mieszankę ziół, mozzarellę i 1 jajko. Dokładnie wymieszaj, aż dobrze się połączą.
h) Przygotuj trzy miski: jedną z bułką tartą, drugą z mąką i jedną z pozostałym ubitym jajkiem. Z około 3 łyżek mieszanki na risotto uformuj kulę (dobrze sprawdzi się w tym przypadku średniej wielkości gałka lodów). Powtarzaj ten proces, aż będziesz mieć 12 jednakowych kulek.
i) Kulki risotto obtaczamy najpierw w mące, następnie w jajku, a na koniec w bułce tartej. Twoje kulki arancini są teraz gotowe do smażenia w głębokim tłuszczu. Ułóż je na blasze do pieczenia i wstaw do lodówki na 30 minut.
j) W dużym rondlu rozgrzać olej na głębokość około 5 cm i na średnim ogniu doprowadzić do 190°C.
k) Do gorącego oleju dodaj 4-5 kulek arancini i smaż przez około 4 minuty, od czasu do czasu obracając, aż uzyskają głęboki złoty kolor.
l) Przenieś je na drucianą kratkę ustawioną nad ręcznikami papierowymi, aby odciekły. Powtarzaj ten proces, aż wszystkie kulki arancini będą ugotowane.
m) Podawaj i ciesz się!

31. Sałatka ze szpinakiem i tuńczykiem

SKŁADNIKI:
- 1 puszka białego tuńczyka
- 1 torebka świeżych liści szpinaku
- 1 puszka słodkiej kukurydzy (z puszki)
- Ser biały (można zastąpić cheddarem)
- 2 świeże pomidory (lub puszka pomidorków koktajlowych)
- Oliwa z oliwek
- Ocet
- Sól pieprz

INSTRUKCJE:
a) Umyj liście szpinaku i włóż je do dużej miski.
b) Dodaj tuńczyka i słodką kukurydzę (bez płynu).
c) Dodać ser pokrojony w kostkę i pomidory przekrojone na ćwiartki (w przypadku pomidorków cherry przekrój je na połówki).
d) Dodać sól, ocet i oliwę z oliwek (koniecznie w tej kolejności).
e) Jeśli lubisz, dodaj pieprzu.
f) Można dodać też rodzynki i awokado, bardzo śródziemnomorskie.

32. Sałatka z tuńczyka, awokado, grzybami i mango

SKŁADNIKI:
- Puszki z tuńczykiem Serena (porcja zależna od ilości osób)
- Sałata masłowa
- Grzyby
- pomidory koktajlowe
- Kukurydza cukrowa (puszka)
- Ogórek libański
- Mango w puszce
- sos francuski

INSTRUKCJE:
a) Umyj wszystkie produkty i pokrój sałatę na kawałki wielkości kęsa.
b) Pozostałe składniki pokroić według uznania.
c) Złóż sałatkę, umieszczając sałatę w misce, równomiernie dodając tuńczyka, następnie ułóż pomidory, grzyby, ogórki i mango i skrop sosem.
d) Nie ma potrzeby mieszania, podawania ani jedzenia od razu. Cieszyć się!

33. Sałatka z łososiem Margarita

SKŁADNIKI:
NA ŁOSOSA MARGARITA:
- 2 filety z łososia ze skórą
- 2 łyżki oliwy z oliwek
- Sok i skórka z 2 limonek
- ¼ szklanki tequili
- 1 uncja przyprawy do taco
- 3 łyżki ciemnego brązowego cukru

NA VINAIGRETTE Z MARGARITY:
- 2 łyżki świeżo wyciśniętego soku z limonki
- 2 łyżki tequili
- 2 łyżki świeżo wyciśniętego soku pomarańczowego
- 4 łyżki miodu
- 1 łyżeczka chili w proszku
- ¼ szklanki posiekanej świeżej kolendry
- ¼ szklanki oleju rzepakowego

NA SAŁATĘ I DODATKI:
- ¼ główki sałaty lodowej oczyszczonej i posiekanej
- ½ pęczka sałaty zielonej lub czerwonej; oczyszczone, przycięte i posiekane
- ½ szklanki posiekanych świeżych pomidorów
- ½ szklanki tartego sera Mexican Blend
- 1 puszka czarnej fasoli wypłukana i odsączona
- 1 puszka słodkiej kukurydzy opłukanej i odsączonej
- 1 awokado obrane i pokrojone w plasterki lub posiekane – skrop sokiem z limonki, aby zapobiec brązowieniu.
- ¼ szklanki posiekanej świeżej kolendry
- Paski Tortilli

INSTRUKCJE:
NA ŁOSOSA:
a) Umieść oliwę z oliwek, sok z limonki, skórkę z limonki, tequilę, mieszankę przypraw Old El Paso Taco i brązowy cukier w galonowej torebce Ziploc i mieszaj, aż dobrze się połączą. Dodaj filety z łososia i delikatnie natrzyj łososia marynatą. Zamknij torebkę i marynuj w lodówce przez 2-24 godziny.

b) Gdy będziesz gotowy do podania, rozgrzej piekarnik do 425 stopni F. Przykryj blachę do pieczenia folią i lekko spryskaj ją nieprzywierającym sprayem do gotowania.
c) Wyjmij łososia z marynaty i połóż go skórą do dołu na blasze do pieczenia.
d) Umieść blachę do pieczenia na środkowej półce piekarnika i piecz przez 4-6 minut na półcalowego łososia. Zmierz łososia w najgrubszym miejscu. Po 4 minutach otrzymasz łososia z różowym środkiem (średnio wysmażony), a po 6 minutach będzie on całkowicie ugotowany.
e) Łosoś jest gotowy, gdy można go łatwo rozdzielić widelcem. W razie potrzeby sprawdź gotowość za pomocą termometru z natychmiastowym odczytem – uważa się, że łosoś jest gotowy w temperaturze co najmniej 50 stopni F w najgrubszej części łososia.
f) Usmażonego łososia wyjmij z piekarnika i przełóż na talerz. Przed ułożeniem łososia na mieszanej sałatce usuń skórę.

NA SAŁATKĘ:
g) W dużej misce sałatkowej połącz posiekaną sałatę, pomidory, ser, fasolę i kukurydzę. Delikatnie wymieszaj.

SŁUŻYĆ:
h) Mieszankę sałat ułożyć na półmiskach, na wierzchu ułożyć ugotowanego łososia. Dodaj pokrojone awokado i paski tortilli i posyp świeżą kolendrą. Skropić winegretem.
i) Cieszyć się!

34.Kanapka z sałatką z tuńczyka i rzodkiewki

SKŁADNIKI:

- 320 g steków z tuńczyka w puszce
- 4 kromki pełnoziarnistego chleba z nasionami
- 50 g ziaren kukurydzy cukrowej
- 2 łyżki majonezu
- 1 połówka mikrozielonej rzodkiewki
- Szczypta zmielonego czarnego pieprzu i soli

INSTRUKCJE:

a) Do miski włóż tuńczyka i wymieszaj go z kukurydzą.
b) Dodajemy majonez i doprawiamy świeżo mielonym pieprzem i solą do smaku.
c) Różową rzodkiewkę pokroić w cienkie plasterki i rozprowadzić nadzienie pomiędzy dwiema kromkami chleba.
d) Połóż rzodkiewkę na mieszance tuńczyka i dodaj pozostałe kromki chleba.

35.Sałatka Z Czerwonej Fasoli Z Guacamole

SKŁADNIKI:
- 1 Pomidor (średni)
- 1 cebula (połowa cebuli fioletowa)
- 1 czerwona papryka (średnia)
- 1 szczypta pieprzu
- 1 Cytryna
- 1 szczypta soli
- 1 Zielony pieprz
- 250 gramów fasoli azuki, już ugotowanej
- 1 łyżka oliwy z oliwek z pierwszego tłoczenia
- 1 świeże Guacamole
- 1 mała filiżanka słodkiej kukurydzy w puszce

INSTRUKCJE:
a) Przygotowujemy sałatkę mieszając wszystkie posiekane składniki z wcześniej umytą i odsączoną fasolą.
b) Skropić sokiem z cytryny i oliwą, doprawić solą i pieprzem.
c) Sałatkę podawaj z guacamole i tostami z tostem.

36.Naśladowane kulki warzywne z Ikei

SKŁADNIKI:
- 1 puszka ciecierzycy z puszki
- 1 szklanka mrożonego szpinaku
- 3 marchewki
- ½ papryki
- ½ szklanki słodkiej kukurydzy w puszce
- 1 szklanka zielonego groszku
- 1 cebula
- 3 ząbki czosnku
- 1 szklanka mąki owsianej
- 1 łyżka oliwy z oliwek
- Przyprawa

INSTRUKCJE:
a) Wszystkie warzywa włóż do robota kuchennego i pulsuj, aż zostaną drobno posiekane.
b) Teraz dodaj mrożony, ale rozmrożony lub świeży szpinak, suszoną szałwię i suszoną pietruszkę.
c) Dodaj ciecierzycę z puszki i puls, aż się połączą.
d) Mieszaj i gotuj przez 1-2 minuty.
e) Aby zrobić kulki wegetariańskie, łyżką kulę i uformuj ją rękami.
f) Ułóż kulki na papierze pergaminowym lub blasze do pieczenia.
g) Piecz je przez 20 minut, aż uzyskają chrupiącą skórkę.

37.Suflet kukurydziany

SKŁADNIKI:
- 1 średnia cebula
- 5 funtów mrożonej słodkiej kukurydzy
- 6 filiżanek Monterey Jack, posiekanych
- 3 jajka
- 1 łyżeczka soli

INSTRUKCJE:
a) Na patelni na oliwie podsmaż cebulę. Odłożyć na bok.
b) W robocie kuchennym zmiel kukurydzę.
c) Połącz i dodaj pozostałe składniki, w tym smażoną cebulę.
d) Umieścić w naczyniu do pieczenia o wymiarach 8x14 wysmarowanym masłem.
e) Piec w temperaturze 375°F przez około 25 minut lub do momentu, aż wierzch będzie złotobrązowy.

38.Krem ze słodkiej kukurydzy

SKŁADNIKI:

- 1-½ szklanki mrożonej kukurydzy, rozmrożonej
- 4-½ łyżeczki masła
- 3 szklanki gęstej śmietany do ubijania
- 1 szklanka 2% mleka
- 8 dużych żółtek
- 1-¼ szklanki plus 2 łyżki cukru, podzielone
- 2 łyżki ekstraktu waniliowego
- Świeże maliny i liście mięty

INSTRUKCJE:

a) W dużym rondlu podsmaż kukurydzę na maśle do miękkości; niższe ciepło. Dodaj mleko i śmietanę; podgrzewać, aż wokół boków patelni pojawią się bąbelki. Lekko fajne. Włóż do blendera; okładka. Przetwarzaj do gładkości. Napięcie; wyrzucić miazgę kukurydzianą. Włóż na patelnię.

b) W małej misce utrzyj 1 ¼ szklanki cukru i żółtka. Zmieszaj niewielką ilość gorącej śmietanki z masą jajeczną; włóż wszystko z powrotem na patelnię, ciągle mieszając. Wymieszać z wanilią.

c) Włóż do 6 6 uncji. ramekiny. Włóż do formy do pieczenia; aby przesunąć, dodaj 1-in. gotująca się woda. Piec w temperaturze 325°C, bez przykrycia, aż środek się zetnie, przez 40–45 minut. Wyjmij ramekiny z łaźni wodnej i ostudź przez 10 minut. Okładka; przechowywać w lodówce minimum 4 godziny.

d) Jeśli używasz palnika do kremu Brûlée, posyp krem kremem resztką cukru.

e) Cukier podgrzej palnikiem, aż się skarmelizuje. Natychmiast podawaj.

f) Opcja z pieczonym kremem: Połóż ramekiny na blasze do pieczenia; odstawić na 15 minut w temperaturze pokojowej. Posypać cukrem; pieczeń 8 cali podgrzewać, aż cukier się karmelizuje przez 4-7 minut. Przechowywać w lodówce do twardości przez 1-2 godziny.

g) Udekoruj liśćmi mięty i malinami; podawać.

39.Zupa ze słodkiej kukurydzy

SKŁADNIKI:
- 1 puszka (15 uncji) słodkiej kukurydzy, odsączona
- 2 plasterki boczku, pokrojone w kostkę
- 1 cebula, posiekana
- 2 ziemniaki, pokrojone w kostkę
- 4 szklanki bulionu z kurczaka lub warzyw
- 1 szklanka gęstej śmietanki
- Sól i pieprz do smaku
- Posiekany świeży szczypiorek do dekoracji

INSTRUKCJE:
a) W dużym garnku lub holenderskim piekarniku usmaż pokrojony w kostkę boczek na średnim ogniu, aż będzie chrupiący. Wyjmij boczek łyżką cedzakową i odłóż na bok, pozostawiając tłuszcz z boczku w garnku.
b) Dodaj posiekaną cebulę do garnka i smaż, aż zmięknie, około 5 minut.
c) Dodaj pokrojone w kostkę ziemniaki i gotuj przez dodatkowe 5 minut.
d) Do garnka dodać odsączoną kukurydzę oraz bulion drobiowy lub warzywny. Doprowadź do wrzenia i gotuj, aż ziemniaki będą miękkie, około 15-20 minut.
e) Użyj blendera zanurzeniowego, aby częściowo zmiksować zupę, aż do uzyskania pożądanej konsystencji, pozostawiając nienaruszone kawałki ziemniaków i kukurydzy.
f) Wymieszać z gęstą śmietaną i doprawić solą i pieprzem do smaku.
g) Podawać na gorąco, udekorowane posiekanym świeżym szczypiorkiem i chrupiącym boczkiem.

40.Sałatka ze słodkiej kukurydzy i pomidorów

SKŁADNIKI:
- 1 puszka (15 uncji) słodkiej kukurydzy, odsączona
- 1 szklanka pomidorków koktajlowych, przekrojonych na połówki
- 1/4 szklanki czerwonej cebuli, drobno posiekanej
- 1/4 szklanki posiekanej świeżej bazylii
- 2 łyżki oliwy z oliwek z pierwszego tłoczenia
- 1 łyżka octu balsamicznego
- Sól i pieprz do smaku

INSTRUKCJE:
a) W dużej misce wymieszaj słodką kukurydzę, pomidorki koktajlowe, posiekaną czerwoną cebulę i posiekaną świeżą bazylię.
b) W małej misce wymieszaj oliwę z oliwek z pierwszego tłoczenia, ocet balsamiczny, sól i pieprz.
c) Sosem polej sałatkę i delikatnie wymieszaj, aby składniki się połączyły.
d) Podawać natychmiast lub przechowywać w lodówce do 1 godziny przed podaniem, aby smaki się przegryzły.

41.Dip ze słodkiej kukurydzy i bekonu

SKŁADNIKI:

- 1 puszka (15 uncji) słodkiej kukurydzy, odsączona
- 8 uncji serka śmietankowego, zmiękczonego
- 1 szklanka kwaśnej śmietany
- 1 szklanka startego sera cheddar
- 6 plasterków boczku, ugotowanych i pokruszonych
- 1/4 szklanki posiekanej zielonej cebuli
- 1 łyżeczka czosnku w proszku
- Sól i pieprz do smaku
- Chipsy tortilla lub krakersy do podania

INSTRUKCJE:

a) Rozgrzej piekarnik do 190°C (375°F).
b) W dużej misce wymieszaj słodką kukurydzę, miękki serek śmietankowy, kwaśną śmietanę, pokruszony ser cheddar, pokruszony boczek, posiekaną zieloną cebulę, proszek czosnkowy, sól i pieprz. Mieszaj, aż dobrze się połączą.
c) Przenieść mieszaninę do naczynia do pieczenia.
d) Piec w nagrzanym piekarniku przez 20-25 minut lub do momentu, aż będzie gorące i musujące.
e) Podawać na gorąco z chipsami tortilla lub krakersami do maczania.

42. Salsa ze słodkiej kukurydzy i awokado

SKŁADNIKI:
- 1 puszka (15 uncji) słodkiej kukurydzy, odsączona
- 2 dojrzałe awokado, pokrojone w kostkę
- 1/4 szklanki czerwonej cebuli, drobno posiekanej
- 1/4 szklanki posiekanej świeżej kolendry
- Sok z 1 limonki
- Sól i pieprz do smaku
- Opcjonalnie: pokrojone w kostkę jalapeno na ciepło

INSTRUKCJE:
a) W dużej misce wymieszaj słodką kukurydzę, pokrojone w kostkę awokado, posiekaną czerwoną cebulę i posiekaną świeżą kolendrę.
b) Wyciśnij sok z limonki nad mieszaninę i delikatnie wymieszaj, aby połączyć.
c) Doprawiamy solą i pieprzem do smaku. W razie potrzeby dodaj pokrojone w kostkę jalapeno, aby uzyskać dodatkowe ciepło.
d) Podawać natychmiast z chipsami tortilla lub jako dodatek do tacos lub mięs z grilla.

43. Makaron ze słodkiej kukurydzy i bekonu

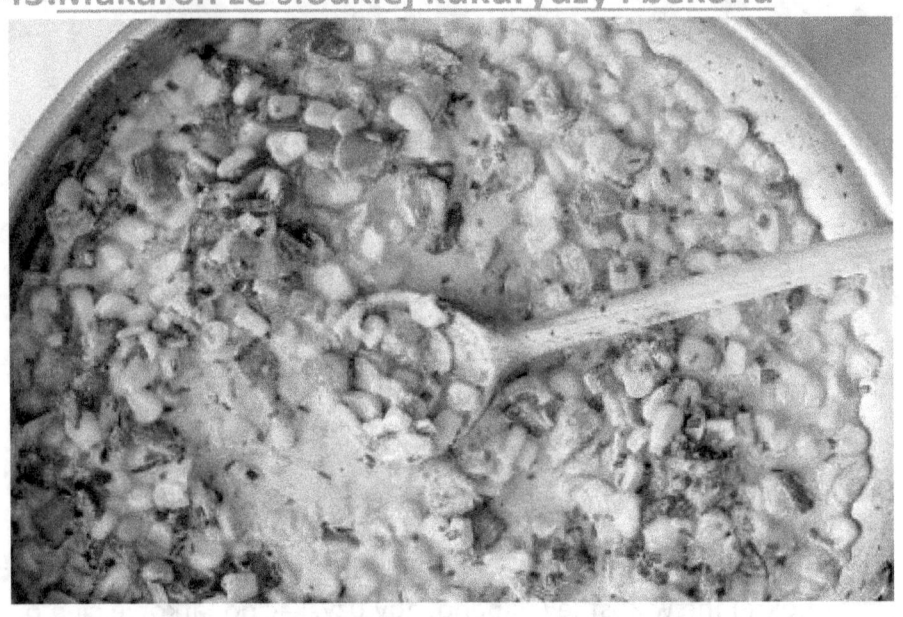

SKŁADNIKI:

- 1 puszka (15 uncji) słodkiej kukurydzy, odsączona
- 8 uncji wybranego makaronu
- 6 plasterków boczku, posiekanych
- 2 ząbki czosnku, posiekane
- 1/2 szklanki gęstej śmietanki
- 1/4 szklanki startego parmezanu
- Sól i pieprz do smaku
- Posiekana świeża pietruszka do dekoracji

INSTRUKCJE:

a) Ugotuj makaron zgodnie z instrukcją na opakowaniu. Odcedź i odłóż na bok.
b) Na dużej patelni podsmaż posiekany boczek na średnim ogniu, aż będzie chrupiący.
c) Dodaj posiekany czosnek na patelnię i smaż, aż zacznie pachnieć, około 1 minuty.
d) Dodaj odsączoną kukurydzę i ugotowany makaron.
e) Wlać gęstą śmietanę i starty parmezan. Mieszaj, aż sos zgęstnieje i pokryje makaron, około 2-3 minuty.
f) Doprawiamy solą i pieprzem do smaku.
g) Przed podaniem udekoruj posiekaną świeżą pietruszką.

44.Quesadillas ze słodkiej kukurydzy i szpinaku

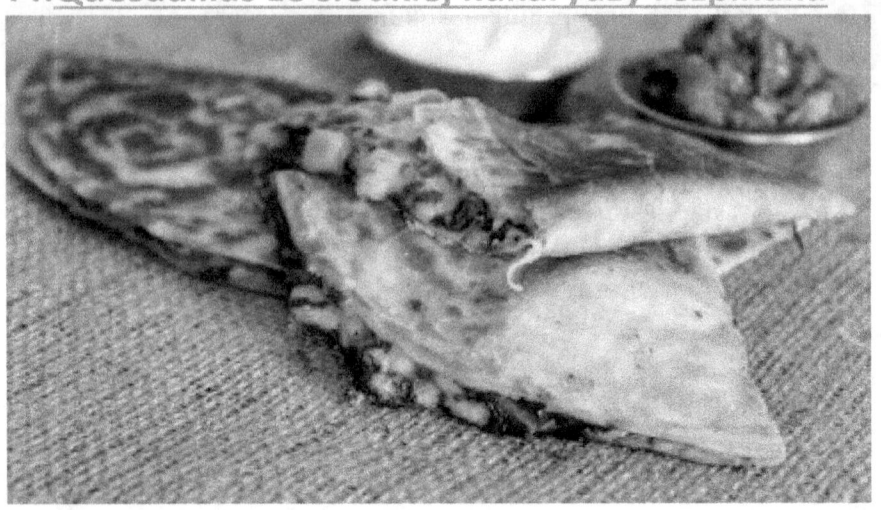

SKŁADNIKI:
- 1 puszka (15 uncji) słodkiej kukurydzy, odsączona
- 2 szklanki świeżych liści szpinaku
- 1 szklanka startego sera Monterey Jack
- 4 duże tortille pszenne
- Oliwa z oliwek do gotowania
- Salsa, kwaśna śmietana i guacamole do podania

INSTRUKCJE:
a) Rozgrzej dużą patelnię na średnim ogniu.
b) Dodaj świeże liście szpinaku na patelnię i gotuj, aż zwiędną, około 1-2 minut.
c) Zdejmij szpinak z patelni i odłóż na bok.
d) Połóż tortillę na patelni i równomiernie posyp ją tartym serem Monterey Jack.
e) Na wierzchu sera ułóż ugotowany szpinak i odsączone ziarna kukurydzy cukrowej.
f) Nałóż kolejną tortillę i delikatnie dociśnij.
g) Smaż, aż dolna tortilla będzie złocistobrązowa i chrupiąca, następnie ostrożnie przewróć i smaż drugą stronę, aż uzyskasz złoty kolor, a ser się roztopi.
h) Powtórz tę czynność z pozostałymi tortillami i składnikami nadzienia.
i) Quesadillas pokroić w ćwiartki i podawać na gorąco z salsą, kwaśną śmietaną i guacamole.

45.Zupa ze słodkiej kukurydzy i szynki

SKŁADNIKI:
- 1 puszka (15 uncji) słodkiej kukurydzy, odsączona
- 2 szklanki gotowanej szynki, pokrojonej w kostkę
- 2 ziemniaki, obrane i pokrojone w kostkę
- 1 cebula, posiekana
- 2 ząbki czosnku, posiekane
- 4 szklanki bulionu z kurczaka
- 1 szklanka mleka lub śmietanki
- 2 łyżki masła
- Sól i pieprz do smaku
- Posiekany świeży szczypiorek do dekoracji

INSTRUKCJE:
a) W dużym garnku rozpuść masło na średnim ogniu.
b) Do garnka dodajemy posiekaną cebulę i posiekany czosnek. Gotuj, aż zmięknie, około 5 minut.
c) Wymieszać z pokrojonymi w kostkę ziemniakami i gotowaną szynką. Gotuj przez dodatkowe 5 minut.
d) Wlać bulion z kurczaka i doprowadzić do wrzenia.
e) Zmniejsz ogień do małego i gotuj na wolnym ogniu, aż ziemniaki będą miękkie, około 15-20 minut.
f) Wymieszać z odsączoną kukurydzą i mlekiem lub śmietaną. Gotuj przez kolejne 5 minut.
g) Doprawiamy solą i pieprzem do smaku.
h) Przed podaniem udekoruj posiekanym świeżym szczypiorkiem.

46. Empanady ze słodkiej kukurydzy i sera

SKŁADNIKI:

- 1 puszka (15 uncji) słodkiej kukurydzy, odsączona
- 1 szklanka startego sera mozzarella
- 1/4 szklanki posiekanej świeżej kolendry
- 1 łyżeczka mielonego kminku
- Sól i pieprz do smaku
- 1 opakowanie ciasta na empanadę lub przygotowany spód ciasta
- 1 roztrzepane jajko (do posmarowania jajek)

INSTRUKCJE:

a) Rozgrzej piekarnik do 190°C i wyłóż blachę do pieczenia papierem pergaminowym.
b) W dużej misce wymieszaj słodką kukurydzę, posiekany ser mozzarella, posiekaną świeżą kolendrę, mielony kminek, sól i pieprz. Mieszaj, aż dobrze się połączą.
c) Rozwałkuj ciasto na empanadę lub spód ciasta i pokrój je w koła za pomocą okrągłej foremki.
d) Umieść łyżkę mieszanki słodkiej kukurydzy na środku każdego koła ciasta.
e) Złóż ciasto na nadzienie, tworząc kształt półksiężyca. Dociśnij krawędzie, aby je uszczelnić, a następnie zaciśnij widelcem.
f) Ułóż empanady na przygotowanej blasze do pieczenia.
g) Wierzch empanad posmaruj roztrzepanym jajkiem, aby uzyskać złoty kolor.
h) Piec w nagrzanym piekarniku przez 20-25 minut lub do momentu, aż skórka będzie złotobrązowa.
i) Podawać na gorąco jako przekąskę lub przystawkę.

47. Enchilada ze słodkiej kukurydzy i kurczaka

SKŁADNIKI:

- 1 puszka (15 uncji) słodkiej kukurydzy, odsączona
- 2 szklanki ugotowanego, rozdrobnionego kurczaka
- 1 puszka (10 uncji) czerwonego sosu enchilada
- 1 szklanka startego sera cheddar
- 8 małych tortilli pszennych
- Dodatki do wyboru: pokrojone w kostkę pomidory, siekana kolendra, kwaśna śmietana

INSTRUKCJE:

a) Rozgrzej piekarnik do 175°C i natłuść naczynie do pieczenia o wymiarach 9 x 13 cali.
b) W dużej misce połącz słodką kukurydzę, posiekanego kurczaka i 1/2 szklanki sosu enchilada. Dobrze wymieszaj.
c) Na każdą tortillę nałóż mieszaninę kurczaka i kukurydzy, następnie ciasno zwiń i ułóż łączeniem do dołu w przygotowanym naczyniu do pieczenia.
d) Polać pozostałym sosem enchilada na wierzch zawiniętych tortilli.
e) Enchiladas posyp równomiernie startym serem cheddar.
f) Przykryj naczynie do pieczenia folią aluminiową i piecz w nagrzanym piekarniku przez 20-25 minut lub do momentu, aż ser się roztopi i zarumieni.
g) Zdjąć folię i piec kolejne 5 minut, aby ser lekko się zarumienił.
h) Podawać na gorąco z opcjonalnymi dodatkami, takimi jak pokrojone w kostkę pomidory, posiekana kolendra i kwaśna śmietana.

48. Smażona kukurydza i warzywa

SKŁADNIKI:
- 1 puszka (15 uncji) słodkiej kukurydzy, odsączona
- 2 szklanki mieszanych warzyw (takich jak papryka, brokuły, groszek)
- 2 łyżki sosu sojowego
- 1 łyżka oleju sezamowego
- 2 ząbki czosnku, posiekane
- 1 łyżeczka startego imbiru
- Ugotowany ryż do podania

INSTRUKCJE:
a) Rozgrzej olej sezamowy na dużej patelni lub woku na średnim ogniu.
b) Dodaj posiekany czosnek i starty imbir na patelnię i smaż, aż zacznie wydzielać zapach, około 1 minuty.
c) Dodaj mieszane warzywa na patelnię i smaż, aż będą chrupiące, około 5-7 minut.
d) Dodaj odsączoną kukurydzę i gotuj przez dodatkowe 2-3 minuty.
e) Warzywa skrop sosem sojowym i wymieszaj, aby równomiernie się nim pokrył.
f) Podawaj słodką kukurydzę i warzywa smażone na gorąco na ugotowanym ryżu.

49.Zupa ze słodkiej kukurydzy i krabów

SKŁADNIKI:

- 1 puszka (15 uncji) słodkiej kukurydzy, odsączona
- 8 uncji kawałka mięsa krabowego, zebranego na muszle
- 4 szklanki bulionu z kurczaka
- 1 szklanka gęstej śmietanki
- 1/4 szklanki posiekanej zielonej cebuli
- 2 łyżki masła
- 2 łyżki mąki uniwersalnej
- Sól i pieprz do smaku
- Opcjonalnie: przyprawa Old Bay dla dodatkowego smaku

INSTRUKCJE:

a) W dużym garnku rozpuść masło na średnim ogniu.
b) Wymieszaj mąkę uniwersalną, aby utworzyć zasmażkę, gotuj przez 1-2 minuty.
c) Stopniowo ubijaj bulion z kurczaka, aż będzie gładki.
d) Do garnka dodać odsączoną kukurydzę i doprowadzić do wrzenia.
e) Wymieszaj kawałki mięsa krabowego, gęstą śmietanę i posiekaną zieloną cebulę.
f) Dopraw solą, pieprzem i opcjonalnie przyprawą Old Bay do smaku.
g) Gotuj na wolnym ogniu przez 10-15 minut, aż się rozgrzeje i smaki się połączą.
h) Podawać na gorąco jako rozgrzewającą zupę.

50.Placuszki ze słodkiej kukurydzy i cukinii

SKŁADNIKI:

- 1 puszka (15 uncji) słodkiej kukurydzy, odsączona
- 2 średnie cukinie, starte i odciśnięte z nadmiaru wilgoci
- 1/2 szklanki mąki uniwersalnej
- 1/4 szklanki startego parmezanu
- 2 jajka, ubite
- 2 łyżki posiekanej świeżej natki pietruszki
- 1 łyżeczka czosnku w proszku
- Sól i pieprz do smaku
- Oliwa z oliwek do smażenia

INSTRUKCJE:

a) W dużej misce wymieszaj odsączoną kukurydzę, startą cukinię, mąkę uniwersalną, tarty parmezan, ubite jajka, posiekaną świeżą pietruszkę, czosnek w proszku, sól i pieprz. Mieszaj, aż dobrze się połączą.

b) Rozgrzej oliwę z oliwek na dużej patelni na średnim ogniu.

c) Na rozgrzaną patelnię nakładać łyżką ciasto, lekko je spłaszczając grzbietem łyżki.

d) Smażyć placki na złoty kolor z jednej strony, następnie odwrócić i smażyć na złoty kolor z drugiej strony, około 3-4 minuty na stronę.

e) Zdejmij placki z patelni i odsącz na ręcznikach papierowych.

f) Podawać na gorąco z ulubionym sosem lub kleksem kwaśnej śmietany.

51. Sałatka ze słodkiej kukurydzy i krewetek

SKŁADNIKI:
- 1 puszka (15 uncji) słodkiej kukurydzy, odsączona
- 1 funt gotowanych krewetek, obranych i oczyszczonych
- 1 czerwona papryka, pokrojona w kostkę
- 1/4 szklanki posiekanej czerwonej cebuli
- 1/4 szklanki posiekanej świeżej kolendry
- Sok z 2 limonek
- 2 łyżki oliwy z oliwek
- Sól i pieprz do smaku
- Opcjonalnie: pokrojone w kostkę awokado dla dodatkowej kremowości

INSTRUKCJE:
a) W dużej misce połącz słodką kukurydzę, gotowane krewetki, pokrojoną w kostkę czerwoną paprykę, posiekaną czerwoną cebulę i posiekaną świeżą kolendrę.
b) W małej misce wymieszaj sok z limonki, oliwę z oliwek, sól i pieprz.
c) Sosem polej sałatkę i delikatnie wymieszaj, aby składniki się połączyły.
d) Jeśli używasz, delikatnie dodaj pokrojone w kostkę awokado.
e) Podawać schłodzone jako orzeźwiającą sałatkę lub łyżką do sałatek jako lekki posiłek.

52. Muffinki ze słodkiej kukurydzy i sera Cheddar

SKŁADNIKI:
- 1 puszka (15 uncji) słodkiej kukurydzy, odsączona
- 1 1/2 szklanki mąki uniwersalnej
- 1 szklanka mąki kukurydzianej
- 1 łyżka proszku do pieczenia
- 1/2 łyżeczki sody oczyszczonej
- 1/2 łyżeczki soli
- 1 szklanka startego sera cheddar
- 1/4 szklanki posiekanego świeżego szczypiorku
- 1 szklanka maślanki
- 1/2 szklanki niesolonego masła, roztopionego
- 2 jajka

INSTRUKCJE:
a) Rozgrzej piekarnik do 190°C i natłuść formę do muffinów lub wyłóż papierowymi papilotkami.
b) W dużej misce wymieszaj mąkę uniwersalną, mąkę kukurydzianą, proszek do pieczenia, sodę oczyszczoną i sól.
c) Dodaj pokruszony ser cheddar i posiekany świeży szczypiorek.
d) W drugiej misce wymieszaj maślankę, roztopione masło i jajka, aż dobrze się połączą.
e) Wlać mokre składniki do suchych i wymieszać tylko do połączenia. Nie przesadzaj.
f) Delikatnie dodaj odsączoną słodką kukurydzę.
g) Rozłóż ciasto równomiernie pomiędzy foremki na muffiny, wypełniając każdą do około trzech czwartych wysokości.
h) Piec w nagrzanym piekarniku przez 18-20 minut lub do momentu, aż muffinki staną się złotobrązowe, a wykałaczka wbita w środek będzie czysta.
i) Wyjmij muffinki z piekarnika i pozostaw do ostygnięcia w formie na kilka minut, a następnie przenieś je na metalową kratkę, aby całkowicie ostygły.
j) Podawać na ciepło lub w temperaturze pokojowej.

53. Słodka kukurydza i bekon zawinięte w papryczki jalapeño

SKŁADNIKI:
- 1 puszka (15 uncji) słodkiej kukurydzy, odsączona
- 8 dużych papryczek jalapeño, przekrojonych wzdłuż na pół i usuniętych nasion
- 8 plasterków boczku, przekrojonych na pół
- 4 uncje serka śmietankowego, zmiękczonego
- 1/4 szklanki startego sera Cheddar
- 2 łyżki posiekanej świeżej kolendry
- Wykałaczki

INSTRUKCJE:
a) Rozgrzej piekarnik do 190°C i wyłóż blachę do pieczenia papierem pergaminowym.
b) W misce wymieszaj słodką kukurydzę, serek śmietankowy, posiekany ser cheddar i posiekaną świeżą kolendrę, aż dobrze się połączą.
c) Napełnij każdą połówkę jalapeño mieszanką słodkiej kukurydzy i sera.
d) Każdą połówkę nadziewanego jalapeño owiń połówką plasterka boczku i zabezpiecz wykałaczką.
e) Połóż owinięte w boczek papryczki jalapeno na przygotowanej blasze do pieczenia.
f) Piec w nagrzanym piekarniku przez 20-25 minut lub do momentu, aż boczek będzie chrupiący, a papryczki jalapeno miękkie.
g) Wyjąć z piekarnika i przed podaniem lekko ostudzić.

54. Placuszki ze słodkiej kukurydzy i cukinii

SKŁADNIKI:
- 1 puszka (15 uncji) słodkiej kukurydzy, odsączona
- 2 małe starte cukinie
- 1/4 szklanki mąki uniwersalnej
- 1/4 szklanki startego parmezanu
- 2 zielone cebule, drobno posiekane
- 1 jajko, lekko ubite
- Sól i pieprz do smaku
- Oliwa z oliwek do smażenia

INSTRUKCJE:
a) W dużej misce wymieszaj słodką kukurydzę, startą cukinię, mąkę uniwersalną, tarty parmezan, posiekaną zieloną cebulę, ubite jajko, sól i pieprz. Mieszaj, aż dobrze się połączą.
b) Rozgrzej oliwę z oliwek na dużej patelni na średnim ogniu.
c) Na patelnię wrzucaj łyżki mieszanki kukurydzy i cukinii, lekko je spłaszczając grzbietem łyżki.
d) Smażyć na złoty kolor z jednej strony, następnie odwrócić i smażyć na złoty kolor z drugiej strony, około 2-3 minuty na stronę.
e) Zdejmij placki z patelni i odsącz na ręcznikach papierowych.
f) Podawać na gorąco jako dodatek lub przystawkę, opcjonalnie ze śmietaną lub wybranym sosem.

55. Ciastka ze słodkiej kukurydzy i kraba

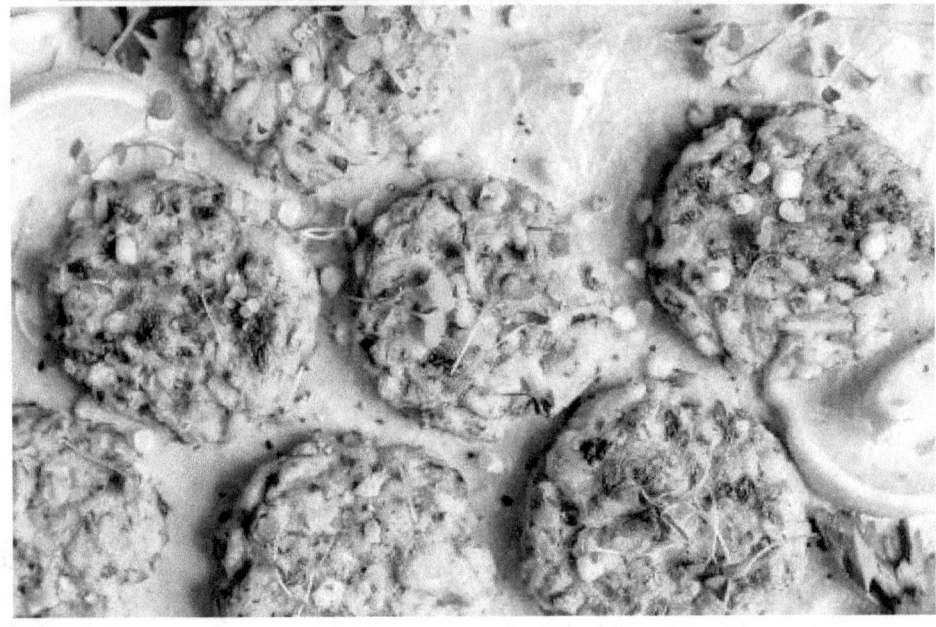

SKŁADNIKI:
- 1 puszka (15 uncji) słodkiej kukurydzy, odsączona
- 8 uncji kawałka mięsa krabowego, zebranego na muszle
- 1/4 szklanki bułki tartej
- 1/4 szklanki majonezu
- 1 jajko, lekko ubite
- 2 zielone cebule, drobno posiekane
- 1 łyżka musztardy Dijon
- 1 łyżka sosu Worcestershire
- 1 łyżeczka przyprawy Old Bay
- Sól i pieprz do smaku
- Oliwa z oliwek do smażenia

INSTRUKCJE:
a) W dużej misce wymieszaj słodką kukurydzę, kawałki mięsa kraba, bułkę tartą, majonez, ubite jajko, posiekaną zieloną cebulę, musztardę Dijon, sos Worcestershire, przyprawę Old Bay, sól i pieprz. Mieszaj, aż dobrze się połączą.
b) Z powstałej mieszanki uformuj kotleciki.
c) Rozgrzej oliwę z oliwek na patelni na średnim ogniu.
d) Smażyć placki krabowe na patelni, aż uzyskają złoty kolor i chrupkość po obu stronach, około 4-5 minut na stronę.
e) Zdejmij ciastka krabowe z patelni i odsącz je na ręcznikach papierowych.
f) Podawać na gorąco z cząstkami cytryny i sosem tatarskim.

56. Zupa ze słodkiej kukurydzy i pomidorów

SKŁADNIKI:
- 1 puszka (15 uncji) słodkiej kukurydzy, odsączona
- 1 puszka (14,5 uncji) pokrojonych w kostkę pomidorów
- 1 cebula, posiekana
- 2 ząbki czosnku, posiekane
- 4 szklanki bulionu warzywnego lub drobiowego
- 1/2 szklanki gęstej śmietanki
- 2 łyżki oliwy z oliwek
- Sól i pieprz do smaku
- Świeże liście bazylii do dekoracji (opcjonalnie)

INSTRUKCJE:
a) Rozgrzej oliwę z oliwek w dużym garnku na średnim ogniu.
b) Do garnka dodajemy posiekaną cebulę i posiekany czosnek. Gotuj, aż zmięknie, około 5 minut.
c) Wymieszać z odsączoną kukurydzą i pokrojonymi w kostkę pomidorami.
d) Wlać bulion warzywny lub drobiowy i doprowadzić do wrzenia.
e) Zmniejsz ogień i gotuj przez 15-20 minut.
f) Za pomocą blendera zanurzeniowego zmiksuj zupę na gładką masę.
g) Wymieszać z gęstą śmietaną i doprawić solą i pieprzem do smaku.
h) Dusić przez dodatkowe 5 minut.
i) Podawać na gorąco, w razie potrzeby udekorowane listkami świeżej bazylii.

57. Sałatka ze słodkiej kukurydzy i awokado

SKŁADNIKI:
- 1 puszka (15 uncji) słodkiej kukurydzy, odsączona
- 1 awokado, pokrojone w kostkę
- 1 szklanka pomidorków koktajlowych, przekrojonych na połówki
- 1/4 szklanki czerwonej cebuli, drobno posiekanej
- Sok z 1 limonki
- 2 łyżki posiekanej świeżej kolendry
- Sól i pieprz do smaku

INSTRUKCJE:
a) W dużej misce połącz słodką kukurydzę, pokrojone w kostkę awokado, przekrojone na pół pomidorki koktajlowe, posiekaną czerwoną cebulę i posiekaną świeżą kolendrę.
b) Sałatkę wyciśnij sokiem z limonki i delikatnie wymieszaj.
c) Doprawiamy solą i pieprzem do smaku.
d) Podawać od razu jako dodatek lub dodatek do grillowanych mięs lub ryb.

58. Sałatka ze słodkiej kukurydzy i ziemniaków

SKŁADNIKI:

- 1 puszka (15 uncji) słodkiej kukurydzy, odsączona
- 2 duże ziemniaki, ugotowane i pokrojone w kostkę
- 1/2 szklanki majonezu
- 2 łyżki kwaśnej śmietany
- 1 łyżka musztardy
- 2 zielone cebule, pokrojone w cienkie plasterki
- 2 łyżki posiekanej świeżej natki pietruszki
- Sól i pieprz do smaku

INSTRUKCJE:

a) W dużej misce wymieszaj słodką kukurydzę, pokrojone w kostkę gotowane ziemniaki, pokrojoną w plasterki zieloną cebulę i posiekaną świeżą pietruszkę.
b) W małej misce wymieszaj majonez, śmietanę i musztardę, aż dobrze się połączą.
c) Sosem polej mieszankę kukurydzy i ziemniaków i delikatnie wymieszaj.
d) Doprawiamy solą i pieprzem do smaku.
e) Przed podaniem przechowywać w lodówce co najmniej 1 godzinę, aby smaki się przegryzły.

59. Słodka kukurydza i ryż z kolendrą i limonką

SKŁADNIKI:

- 1 puszka (15 uncji) słodkiej kukurydzy, odsączona
- 2 szklanki ugotowanego białego ryżu
- Sok z 2 limonek
- Skórka z 1 limonki
- 1/4 szklanki posiekanej świeżej kolendry
- Sól i pieprz do smaku

INSTRUKCJE:

a) W dużej misce połącz ugotowany biały ryż, odsączoną kukurydzę, sok z limonki, skórkę z limonki i posiekaną świeżą kolendrę.
b) Delikatnie mieszaj, aż wszystkie składniki zostaną dobrze wymieszane.
c) Doprawiamy solą i pieprzem do smaku.
d) Podawać na ciepło jako dodatek do ulubionego dania głównego.

60. Muffinki ze słodkiej kukurydzy i sera Cheddar

SKŁADNIKI:
- 1 puszka (15 uncji) słodkiej kukurydzy, odsączona
- 1 1/2 szklanki mąki uniwersalnej
- 1/2 szklanki mąki kukurydzianej
- 1 łyżka proszku do pieczenia
- 1/2 łyżeczki soli
- 1 szklanka startego sera cheddar
- 1 szklanka mleka
- 1/4 szklanki niesolonego masła, roztopionego
- 1 jajko, ubite

INSTRUKCJE:
a) Rozgrzej piekarnik do 190°C (375°F). Formę do muffinów lub wyłóż papierowymi papilotkami natłuść.
b) W dużej misce wymieszaj mąkę uniwersalną, mąkę kukurydzianą, proszek do pieczenia, sól i pokruszony ser cheddar.
c) W osobnej misce wymieszaj odsączoną kukurydzę, mleko, roztopione masło i ubite jajko.
d) Wlać mokre składniki do suchych i wymieszać tylko do połączenia.
e) Łyżką włóż ciasto do przygotowanej formy na muffiny, wypełniając każdą miskę do około 2/3 wysokości.
f) Piec w nagrzanym piekarniku przez 18-20 minut lub do momentu, aż muffinki staną się złotobrązowe, a wykałaczka wbita w środek będzie czysta.
g) Wyjmij z piekarnika i pozostaw do ostygnięcia w formie na muffiny na kilka minut, a następnie przenieś na metalową kratkę, aby całkowicie ostygła.

61. Tacos ze słodkiej kukurydzy i wołowiny

SKŁADNIKI:
- 1 puszka (15 uncji) słodkiej kukurydzy, odsączona
- 1 funt mielonej wołowiny
- 1 opakowanie przyprawy do taco
- 8 małych tortilli z mąki lub kukurydzy
- Dodatki: sałata szatkowana, pomidory pokrojone w kostkę, ser tarty, salsa, śmietana

INSTRUKCJE:
a) Na dużej patelni podsmaż mieloną wołowinę na średnim ogniu, aż się zrumieni.
b) Odcedź nadmiar tłuszczu z patelni, dodaj przyprawę do taco i odsączoną kukurydzę. Gotuj przez dodatkowe 2-3 minuty.
c) Podgrzej tortille zgodnie z instrukcją na opakowaniu.
d) Na każdą tortillę nałóż mieszankę słodkiej kukurydzy i wołowiny.
e) Na wierzch połóż posiekaną sałatę, pokrojone w kostkę pomidory, tarty ser, salsę i kwaśną śmietanę.
f) Podawaj natychmiast i ciesz się pysznymi tacos ze słodką kukurydzą i wołowiną!

62.Chilijskie paczki z kukurydzą

SKŁADNIKI:
- 1 puszka (15 uncji) kukurydzy cukrowej, odsączona
- 1 cebula, drobno posiekana
- 2 ząbki czosnku, posiekane
- 1 czerwona papryka, pokrojona w kostkę
- 1 łyżka oliwy z oliwek
- Sól i pieprz do smaku
- 1 opakowanie ciasta na empanadę lub przygotowany spód ciasta
- 1 roztrzepane jajko (do posmarowania jajek)

INSTRUKCJE:
a) Rozgrzej piekarnik do 190°C (375°F).
b) Na patelni rozgrzej oliwę z oliwek na średnim ogniu. Dodać cebulę, czosnek i czerwoną paprykę. Gotuj, aż zmięknie, około 5 minut.
c) Dodaj kukurydzę cukrową i gotuj przez dodatkowe 2-3 minuty. Doprawiamy solą i pieprzem do smaku.
d) Rozwałkuj ciasto na empanadę lub spód ciasta i pokrój w koła.
e) Na środek każdego koła ciasta nałóż mieszaninę kukurydzy cukrowej.
f) Złóż ciasto na nadzienie, tworząc kształt półksiężyca. Dociśnij krawędzie, aby je uszczelnić, a następnie zaciśnij widelcem.
g) Paczki układamy na blasze wyłożonej papierem do pieczenia.
h) Wierzch paczek posmaruj roztrzepanym jajkiem.
i) Piec w nagrzanym piekarniku przez 20-25 minut lub do złotego koloru.
j) Podawaj na gorąco i ciesz się chilijskimi paczkami z kukurydzą!

63. Zupa z plamiaka i kukurydzy cukrowej

SKŁADNIKI:
- 1 puszka (15 uncji) kukurydzy cukrowej, odsączona
- 1 cebula, posiekana
- 2 ząbki czosnku, posiekane
- 2 średnie ziemniaki, obrane i pokrojone w kostkę
- 4 szklanki bulionu rybnego lub warzywnego
- 1 szklanka mleka lub śmietanki
- 1 funt filetów z plamiaka, pokrojonych na kawałki
- 2 łyżki masła
- Sól i pieprz do smaku
- Posiekana świeża pietruszka do dekoracji

INSTRUKCJE:
a) W dużym garnku rozpuść masło na średnim ogniu.
b) Do garnka dodajemy posiekaną cebulę i przeciśnięty przez praskę czosnek. Gotuj, aż zmięknie, około 5 minut.
c) Do garnka dodać pokrojone w kostkę ziemniaki oraz bulion rybny lub warzywny. Doprowadzić do wrzenia, następnie zmniejszyć ogień i gotować na wolnym ogniu, aż ziemniaki będą miękkie, około 15 minut.
d) Dodaj kukurydzę cukrową, mleko lub śmietanę i kawałki plamiaka. Gotuj na wolnym ogniu przez kolejne 5-7 minut, aż ryba będzie ugotowana.
e) Doprawiamy solą i pieprzem do smaku.
f) Podawać gorące, udekorowane posiekaną świeżą natką pietruszki.

64. Sałatka Bułgarska Z Ciecierzycą I Kukurydzą

SKŁADNIKI:
- 1 puszka (15 uncji) kukurydzy cukrowej, odsączona
- 1 szklanka pszenicy bulgur
- 1 puszka (15 uncji) ciecierzycy, odsączona i opłukana
- 1 czerwona papryka, pokrojona w kostkę
- 1 ogórek, pokrojony w kostkę
- 1/4 szklanki posiekanej świeżej pietruszki
- 1/4 szklanki oliwy z oliwek
- Sok z 1 cytryny
- Sól i pieprz do smaku

INSTRUKCJE:
a) Rozgrzej piekarnik do 190°C (375°F).
b) Ugotuj kaszę bulgur zgodnie z instrukcją na opakowaniu i ostudź.
c) W dużej misce połącz ugotowaną pszenicę bulgur, odsączoną kukurydzę cukrową, ciecierzycę, pokrojoną w kostkę czerwoną paprykę, pokrojony w kostkę ogórek i posiekaną świeżą pietruszkę.
d) W małej misce wymieszaj oliwę z oliwek i sok z cytryny. Doprawiamy solą i pieprzem do smaku.
e) Sosem polej sałatkę i delikatnie wymieszaj, aby składniki się połączyły.
f) Przełóż sałatkę do naczynia do pieczenia i piecz w nagrzanym piekarniku przez 15-20 minut lub do momentu, aż się zarumieni.
g) Podawać na ciepło lub w temperaturze pokojowej.

65. Zupa z dyni, kukurydzy i fasoli

SKŁADNIKI:

- 1 puszka (15 uncji) kukurydzy cukrowej, odsączona
- 1 dynia piżmowa, obrana, pozbawiona nasion i pokrojona w kostkę
- 1 puszka (15 uncji) białej fasoli, odsączona i przepłukana
- 1 cebula, posiekana
- 2 ząbki czosnku, posiekane
- 4 szklanki bulionu warzywnego
- 2 łyżki oliwy z oliwek
- 1 łyżeczka mielonego kminku
- 1/2 łyżeczki wędzonej papryki
- Sól i pieprz do smaku
- Posiekana świeża kolendra do dekoracji

INSTRUKCJE:

a) W dużym garnku rozgrzej oliwę z oliwek na średnim ogniu.
b) Do garnka dodajemy posiekaną cebulę i przeciśnięty przez praskę czosnek. Gotuj, aż zmięknie, około 5 minut.
c) Dodaj pokrojoną w kostkę dynię piżmową i gotuj przez dodatkowe 5 minut.
d) Do garnka dodać bulion warzywny, mielony kminek, wędzoną paprykę, odsączoną kukurydzę i białą fasolę. Doprowadzić do wrzenia, następnie zmniejszyć ogień i gotować na wolnym ogniu, aż dynia będzie miękka, około 20 minut.
e) Doprawiamy solą i pieprzem do smaku.
f) Podawać na gorąco, udekorowane posiekaną świeżą kolendrą.

66. Nadzienie z kukurydzy i grzybów

SKŁADNIKI:
- 1 puszka (15 uncji) kukurydzy cukrowej, odsączona
- 2 szklanki posiekanych grzybów
- 1 cebula, drobno posiekana
- 2 ząbki czosnku, posiekane
- 2 łyżki oliwy z oliwek
- Sól i pieprz do smaku
- Posiekana świeża pietruszka do dekoracji

INSTRUKCJE:
a) Rozgrzej oliwę z oliwek na patelni na średnim ogniu.
b) Na patelnię dodajemy posiekaną cebulę i posiekany czosnek. Gotuj, aż zmięknie, około 5 minut.
c) Dodaj posiekane grzyby i gotuj, aż grzyby będą miękkie i rumiane, około 8-10 minut.
d) Dodaj odsączoną kukurydzę cukrową na patelnię i gotuj przez dodatkowe 2-3 minuty.
e) Doprawiamy solą i pieprzem do smaku.
f) Podawać gorące, udekorowane posiekaną świeżą natką pietruszki.

67. Ciasta Kukurydziane

SKŁADNIKI:
- 1 puszka (15 uncji) kukurydzy cukrowej, odsączona
- 1 Mąkę o wszechstronnym przeznaczeniu
- 1 łyżeczka proszku do pieczenia
- 1/2 łyżeczki soli
- 1/4 łyżeczki czarnego pieprzu
- 2 jajka
- 1/4 szklanki mleka
- 2 łyżki masła, roztopionego
- Opcjonalnie: posiekane świeże zioła (np. natka pietruszki lub szczypiorek)

INSTRUKCJE:
a) W misce wymieszaj mąkę uniwersalną, proszek do pieczenia, sól i czarny pieprz.
b) W drugiej misce wymieszaj jajka, mleko i roztopione masło.
c) Stopniowo dodawaj mokre składniki do suchych, mieszaj, aż dobrze się połączą.
d) Jeśli używasz, dodaj kukurydzę cukrową i posiekane świeże zioła.
e) Rozgrzej patelnię lub patelnię z powłoką nieprzywierającą na średnim ogniu i lekko nasmaruj masłem lub olejem.
f) Na patelnię nakładać łyżką ciasto, formując małe placuszki.
g) Smażyć na złoty kolor po obu stronach, około 2-3 minuty na stronę.
h) Podawać na gorąco jako dodatek do drugiego dania lub przekąskę.

68. Fondue z kukurydzy

SKŁADNIKI:
- 1 puszka (15 uncji) kukurydzy cukrowej, odsączona
- 8 uncji serka śmietankowego, zmiękczonego
- 1 szklanka startego sera cheddar
- 1/2 szklanki mleka
- 1 łyżka masła
- 1 ząbek czosnku, posiekany
- Sól i pieprz do smaku
- Opcjonalnie: posiekane świeże zioła (np. natka pietruszki lub szczypiorek)
- Dippery (takie jak kostki chleba, krakersy lub warzywa)

INSTRUKCJE:
a) W rondlu rozpuść masło na średnim ogniu. Dodaj posiekany czosnek i smaż, aż zacznie pachnieć, około 1 minuty.
b) Dodaj serek śmietankowy, pokruszony ser cheddar i mleko, aż masa będzie gładka i roztopiona.
c) Dodaj odsączoną kukurydzę cukrową i opcjonalnie posiekane świeże zioła. Mieszaj do połączenia.
d) Doprawiamy solą i pieprzem do smaku.
e) Przenieś fondue do garnka do fondue lub naczynia do serwowania.
f) Podawać na gorąco z wybranymi dipami.

69.Ciasteczka Kukurydziane Z Łososiem

SKŁADNIKI:

- 1 puszka (15 uncji) kukurydzy cukrowej, odsączona
- 1 Mąkę o wszechstronnym przeznaczeniu
- 1 łyżeczka proszku do pieczenia
- 1/2 łyżeczki soli
- 1/4 łyżeczki czarnego pieprzu
- 2 jajka
- 1/4 szklanki mleka
- 2 łyżki masła, roztopionego
- Irlandzkie plastry wędzonego łososia
- Kwaśna śmietana
- Posiekany świeży koperek do dekoracji

INSTRUKCJE:

a) Przygotuj placki z kukurydzy cukrowej, postępując zgodnie z instrukcjami zawartymi w powyższym przepisie na ciasta ze słodką kukurydzą.
b) Po upieczeniu placków grillowych połóż na każdym ciastku kawałek irlandzkiego wędzonego łososia.
c) Udekoruj kleksem kwaśnej śmietany i posiekanym świeżym koperkiem.
d) Podawać natychmiast jako przystawkę lub lekki posiłek.

70. Kukurydza cukrowa w kocu

SKŁADNIKI:
- 1 puszka (15 uncji) kukurydzy cukrowej, odsączona
- 1 opakowanie schłodzonego ciasta na bułki w kształcie półksiężyca
- Musztarda lub ketchup do maczania (opcjonalnie)

INSTRUKCJE:
a) Rozgrzej piekarnik do temperatury wskazanej na opakowaniu ciasta w kształcie półksiężyca.
b) Rozwiń ciasto w kształcie półksiężyca i podziel je na trójkąty.
c) Na szerszym końcu każdego trójkąta umieść łyżkę kukurydzy cukrowej.
d) Zwiń ciasto, zaczynając od szerszego końca, tak aby przykryć kukurydzę.
e) Zawiniętą kukurydzę ułożyć na blasze wyłożonej papierem do pieczenia.
f) Piec w nagrzanym piekarniku zgodnie z instrukcją na opakowaniu ciasta na bułkę w kształcie półksiężyca, aż uzyska złoty kolor.
g) Podawać na gorąco z musztardą lub ketchupem do maczania, według uznania.

71. Muffinki kukurydziane

SKŁADNIKI:
- 1 puszka (15 uncji) kukurydzy cukrowej, odsączona
- 1 1/2 szklanki mąki uniwersalnej
- 1/2 szklanki mąki kukurydzianej
- 1/4 szklanki granulowanego cukru
- 1 łyżka proszku do pieczenia
- 1/2 łyżeczki soli
- 1 szklanka mleka
- 1/4 szklanki niesolonego masła, roztopionego
- 2 jajka
- Opcjonalnie: posiekane jalapenos lub tarty ser dla dodatkowego smaku

INSTRUKCJE:
a) Rozgrzej piekarnik do 190°C (375°F). Formę do muffinów lub wyłóż papierowymi papilotkami natłuść.
b) W dużej misce wymieszaj mąkę uniwersalną, mąkę kukurydzianą, cukier, proszek do pieczenia i sól.
c) W drugiej misce wymieszaj mleko, roztopione masło i jajka, aż dobrze się połączą.
d) Stopniowo dodawaj mokre składniki do suchych, mieszaj tylko do połączenia.
e) Dodaj kukurydzę cukrową i opcjonalnie posiekane papryczki jalapenos lub starty ser, jeśli używasz.
f) Łyżką włóż ciasto do przygotowanej formy na muffiny, wypełniając każdą miskę do około 3/4 wysokości.
g) Piec w nagrzanym piekarniku przez 18-20 minut lub do momentu, aż ciasto będzie złocistobrązowe, a wykałaczka wbita w środek będzie czysta i wyjdzie czysta.
h) Wyjmij z piekarnika i pozostaw do ostygnięcia w formie na muffiny na kilka minut, a następnie przenieś na metalową kratkę, aby całkowicie ostygła.

72.Paczki Kukurydziane Z Masłem Kreolskim

SKŁADNIKI:
- 1 puszka (15 uncji) kukurydzy cukrowej, odsączona
- 1 opakowanie arkuszy ciasta francuskiego
- 1/4 szklanki niesolonego masła, roztopionego
- 1 łyżeczka przyprawy kreolskiej
- Posiekana świeża pietruszka do dekoracji

INSTRUKCJE:
a) Rozgrzej piekarnik zgodnie z instrukcją na opakowaniu ciasta francuskiego.
b) Rozwałkuj arkusze ciasta francuskiego i pokrój je w kwadraty.
c) Połóż łyżkę kukurydzy cukrowej na środku każdego kwadratu ciasta.
d) Złóż ciasto na kukurydzę, tworząc paczki i zlep krawędzie.
e) Paczki układamy na blasze wyłożonej papierem do pieczenia.
f) W małej misce wymieszaj roztopione masło i przyprawę kreolską.
g) Wierzch paczek posmaruj mieszanką masła kreolskiego.
h) Piec w nagrzanym piekarniku, aż ciasto będzie złociste i puszyste, zgodnie z instrukcją na opakowaniu ciasta francuskiego.
i) Przed podaniem udekoruj posiekaną świeżą pietruszką.

73. Polenta kukurydziana z pikantnym sosem pomidorowym

SKŁADNIKI:
- 1 puszka (15 uncji) kukurydzy cukrowej, odsączona
- 1 szklanka polenty
- 4 szklanki wody lub bulionu warzywnego
- 1 łyżka oliwy z oliwek
- 1 cebula, posiekana
- 2 ząbki czosnku, posiekane
- 1 puszka (14,5 uncji) pokrojonych w kostkę pomidorów
- 1 łyżeczka płatków czerwonej papryki
- Sól i pieprz do smaku
- Posiekana świeża bazylia do dekoracji

INSTRUKCJE:
a) W rondlu zagotuj wodę lub bulion warzywny.
b) Powoli wsypuj polentę, cały czas mieszając, aby zapobiec grudkom.
c) Zmniejsz ogień do małego i gotuj na wolnym ogniu, mieszając od czasu do czasu, aż polenta będzie gęsta i kremowa, około 20-25 minut.
d) W innym rondlu rozgrzej oliwę z oliwek na średnim ogniu.
e) Do rondelka dodajemy posiekaną cebulę i przeciśnięty przez praskę czosnek. Gotuj, aż zmięknie, około 5 minut.
f) Wymieszaj pokrojone w kostkę pomidory i płatki czerwonej papryki. Gotować 10-15 minut, aż sos lekko zgęstnieje.
g) Włóż odsączoną kukurydzę do ugotowanej polenty.
h) Podawaj polentę z kukurydzy cukrowej z pikantnym sosem pomidorowym posypaną łyżką.
i) Przed podaniem udekoruj posiekaną świeżą bazylią.

74. Mieszanka warzyw z kukurydzy cukrowej z krewetkami i makaronem

SKŁADNIKI:

- 1 puszka (15 uncji) kukurydzy cukrowej, odsączona
- 8 uncji surowych krewetek, obranych i oczyszczonych
- 8 uncji wybranego makaronu
- 2 łyżki oliwy z oliwek
- 1 cebula, pokrojona w plasterki
- 2 ząbki czosnku, posiekane
- 1 papryka, pokrojona w plasterki
- 1 cukinia, pokrojona w plasterki
- 1 marchewka, pokrojona w julienne
- Sól i pieprz do smaku
- Sos sojowy do podania

INSTRUKCJE:

a) Ugotuj makaron zgodnie z instrukcją na opakowaniu. Odcedź i odłóż na bok.
b) Na dużej patelni rozgrzej oliwę z oliwek na średnim ogniu.
c) Na patelnię dodajemy pokrojoną cebulę i przeciśnięty przez praskę czosnek. Gotuj, aż zmięknie, około 5 minut.
d) Na patelnię dodaj paprykę, cukinię i marchewkę. Gotuj, aż warzywa będą miękkie i chrupiące, około 5-7 minut.
e) Dodaj surowe krewetki na patelnię i smaż, aż będą różowe i nieprzezroczyste, około 2-3 minuty z każdej strony.
f) Wymieszać z odsączoną kukurydzą i ugotowanym makaronem. Gotuj, aż się rozgrzeje.
g) Doprawiamy solą i pieprzem do smaku.
h) Podawać na gorąco z dodatkiem sosu sojowego.

75. Tempeh i pieczeń kukurydziana z grzybami

SKŁADNIKI:
- 1 puszka (15 uncji) kukurydzy cukrowej, odsączona
- 8 uncji tempeh, pokrojonego w plasterki
- 2 łyżki oliwy z oliwek
- 1 cebula, pokrojona w plasterki
- 2 ząbki czosnku, posiekane
- 8 uncji grzybów, pokrojonych w plasterki
- 2 łyżki tahini
- Sól i pieprz do smaku
- Posiekana świeża pietruszka do dekoracji

INSTRUKCJE:
a) Rozgrzej piekarnik do 190°C (375°F).
b) Na patelni rozgrzej oliwę z oliwek na średnim ogniu.
c) Na patelnię dodajemy pokrojoną cebulę i przeciśnięty przez praskę czosnek. Gotuj, aż zmięknie, około 5 minut.
d) Na patelnię dodajemy pokrojone w plasterki grzyby. Gotuj, aż grzyby będą rumiane i miękkie, około 8-10 minut.
e) Ułóż pokrojony tempeh w naczyniu do pieczenia.
f) Na tempeh wyłóż ugotowaną mieszankę cebuli i grzybów.
g) Na wierzchu rozłóż odsączoną kukurydzę cukrową.
h) Posyp równomiernie tahini kukurydzą.
i) Doprawiamy solą i pieprzem do smaku.
j) Piec w nagrzanym piekarniku przez 20-25 minut, aż ciasto się zarumieni i uzyska złoty kolor.
k) Przed podaniem udekoruj posiekaną świeżą pietruszką.

76. Placki Kukurydziane Z Chipsami Ze Słodkich Ziemniaków

SKŁADNIKI:

- 1 puszka (15 uncji) kukurydzy cukrowej, odsączona
- 1/2 szklanki mąki uniwersalnej
- 1/2 łyżeczki proszku do pieczenia
- 1/2 łyżeczki czerwonej pasty curry
- 1 jajko
- 2 łyżki mleka kokosowego
- Olej roślinny do smażenia
- Sól i pieprz do smaku
- Słodkie ziemniaki, pokrojone w cienkie plasterki

INSTRUKCJE:

a) W misce wymieszaj kukurydzę cukrową, mąkę uniwersalną, proszek do pieczenia, pastę z czerwonego curry, jajko i mleko kokosowe. Dobrze wymieszaj, tworząc ciasto.
b) Rozgrzej olej roślinny na patelni na średnim ogniu.
c) Na rozgrzany olej nakładać łyżką ciasto i lekko je spłaszczać grzbietem łyżki.
d) Smażyć placki na złoty kolor i chrupkość po obu stronach, około 2-3 minuty na stronę. Odsączyć na ręcznikach papierowych i posypać solą i pieprzem.
e) Na tej samej patelni smaż chipsy ze słodkich ziemniaków, aż będą chrupiące i złocistobrązowe.
f) Podawaj tajskie placki z kukurydzy cukrowej z chipsami ze słodkich ziemniaków na boku.

77. Zupa pomidorowa, kukurydziana i bazyliowa z grzankami z pesto

SKŁADNIKI:
- 1 puszka (15 uncji) kukurydzy cukrowej, odsączona
- 1 puszka (14,5 uncji) pokrojonych w kostkę pomidorów
- 1 cebula, posiekana
- 2 ząbki czosnku, posiekane
- 4 szklanki bulionu warzywnego
- 1/4 szklanki posiekanej świeżej bazylii
- Sól i pieprz do smaku
- Oliwa z oliwek do smażenia
- Kromki chleba, pokrojone w kostkę
- Pesto do podania

INSTRUKCJE:
a) W dużym garnku rozgrzej oliwę z oliwek na średnim ogniu.
b) Do garnka dodajemy posiekaną cebulę i przeciśnięty przez praskę czosnek. Gotuj, aż zmięknie, około 5 minut.
c) Dodaj pokrojone w kostkę pomidory, bulion warzywny i odsączoną kukurydzę. Doprowadzić do wrzenia, następnie zmniejszyć ogień i gotować przez 15-20 minut.
d) Za pomocą blendera zanurzeniowego zmiksuj zupę na gładką masę. Alternatywnie, przenieś zupę partiami do blendera i zmiksuj na gładką masę, a następnie wróć do garnka.
e) Dodajemy posiekaną świeżą bazylię i doprawiamy solą i pieprzem do smaku.
f) Na patelni rozgrzej oliwę z oliwek na średnim ogniu. Dodaj kostki chleba i mieszaj, aż będą złociste i chrupiące.
g) Podawaj gorącą zupę pomidorową, kukurydzianą i bazyliową, posypaną grzankami z pesto.

78. Pizza z Tuńczykiem i Kukurydzą

SKŁADNIKI:
- 1 puszka (15 uncji) kukurydzy cukrowej, odsączona
- 1 gotowy spód pizzy
- 1/2 szklanki sosu pomidorowego
- 1 puszka (5 uncji) tuńczyka, odsączonego
- 1 szklanka startego sera mozzarella
- 1/4 szklanki pokrojonych w plasterki czarnych oliwek
- 1/4 szklanki pokrojonej w plasterki czerwonej cebuli
- 1 łyżka oliwy z oliwek
- Sól i pieprz do smaku

INSTRUKCJE:
a) Rozgrzej piekarnik zgodnie z instrukcją na opakowaniu spodu pizzy.
b) Rozprowadź równomiernie sos pomidorowy na cieście pizzy.
c) Posyp sos odsączoną kukurydzą, tuńczykiem, pokrojonym serem mozzarella, pokrojonymi czarnymi oliwkami i pokrojoną w plasterki czerwoną cebulą.
d) Polewy skrop oliwą i dopraw solą i pieprzem do smaku.
e) Piec w nagrzanym piekarniku zgodnie z instrukcją na opakowaniu pizzy, aż skórka będzie złocista, a ser roztopiony i zarumieniony.
f) Pokrój i podawaj na gorąco.

KREM Z KUKURYDZY W KONSERWIE

79. Kremowe naleśniki kukurydziane

SKŁADNIKI:
- 1 Mąkę o wszechstronnym przeznaczeniu
- 1 łyżeczka proszku do pieczenia
- 1/2 łyżeczki sody oczyszczonej
- 1/4 łyżeczki soli
- 2 łyżki granulowanego cukru
- 1 szklanka kukurydzy w kremie z puszki
- 1/2 szklanki mleka
- 1 duże jajko
- 2 łyżki roztopionego, niesolonego masła
- Masło lub olej do smażenia

INSTRUKCJE:
a) W dużej misce wymieszaj mąkę, proszek do pieczenia, sodę oczyszczoną, sól i cukier granulowany.
b) W drugiej misce wymieszaj kukurydzę z puszki, mleko, jajko i roztopione masło. Mieszaj, aż dobrze się połączą.
c) Wlać mokre składniki do suchych i wymieszać tylko do połączenia. Nie przesadzaj; nie ma problemu, jeśli w cieście pozostanie kilka grudek.
d) Rozgrzej patelnię lub patelnię na średnim ogniu i lekko posmaruj masłem lub olejem.
e) Wlać około 1/4 szklanki ciasta na patelnię na każdy naleśnik.
f) Gotuj, aż na powierzchni naleśników utworzą się bąbelki, a krawędzie zaczną wyglądać na gotowe, około 2-3 minuty.
g) Obróć naleśniki i smaż przez dodatkowe 1-2 minuty po drugiej stronie lub do momentu, aż będą złocistobrązowe i ugotowane.
h) Powtórz tę czynność z pozostałym ciastem, w razie potrzeby natłuszczając patelnię.
i) Podawaj naleśniki na ciepło z ulubionymi dodatkami, takimi jak syrop klonowy, miód lub świeże owoce.

80. Kremowy chleb kukurydziany

SKŁADNIKI:
- 1 szklanka żółtej mąki kukurydzianej
- 1 Mąkę o wszechstronnym przeznaczeniu
- 1 łyżka proszku do pieczenia
- 1/2 łyżeczki sody oczyszczonej
- 1/2 łyżeczki soli
- 1/4 szklanki granulowanego cukru
- 1 puszka (14,75 uncji) kremowej kukurydzy
- 1/2 szklanki kwaśnej śmietany
- 1/4 szklanki niesolonego masła, roztopionego
- 2 duże jajka

INSTRUKCJE:
a) Rozgrzej piekarnik do 190°C (375°F). Nasmaruj formę do pieczenia o wymiarach 9 x 9 cali lub żeliwną patelnię.
b) W dużej misce wymieszaj mąkę kukurydzianą, mąkę uniwersalną, proszek do pieczenia, sodę oczyszczoną, sól i cukier granulowany.
c) W drugiej misce wymieszaj śmietanę kukurydzianą, śmietanę, roztopione masło i jajka, aż dobrze się połączą.
d) Wlać mokre składniki do suchych i wymieszać tylko do połączenia. Nie przesadzaj; nie ma problemu, jeśli w cieście pozostanie kilka grudek.
e) Ciasto wlać do przygotowanej formy do pieczenia lub patelni i równomiernie rozprowadzić.
f) Piec w nagrzanym piekarniku przez 25-30 minut lub do momentu, aż chleb kukurydziany będzie złotobrązowy, a wykałaczka wbita w środek będzie czysta.
g) Wyjmij z piekarnika i pozostaw do ostygnięcia na kilka minut przed pokrojeniem.
h) Podawać na ciepło jako przystawkę lub przekąskę.

81. Quiche ze słodkich ziemniaków z kremem kukurydzianym

SKŁADNIKI:
- 1 szklanka puree ze słodkich ziemniaków (około 2 średnich słodkich ziemniaków)
- 1 szklanka kukurydzy w kremie z puszki
- 4 duże jajka
- 1/2 szklanki mleka
- 1/2 szklanki startego sera Cheddar
- 1/4 szklanki posiekanej zielonej cebuli
- 1/2 łyżeczki czosnku w proszku
- Sól i pieprz do smaku
- 1 gotowy spód na ciasto lub domowy spód

INSTRUKCJE:
a) Rozgrzej piekarnik do 190°C (375°F). Nasmaruj tłuszczem formę do muffinów lub wyłóż ją papilotkami.
b) Przygotuj słodkie ziemniaki, piecząc je lub gotując do miękkości, a następnie rozgniatając je na gładką masę. Pozwól im lekko ostygnąć.
c) W misce wymieszaj puree ze słodkich ziemniaków, kukurydzę w puszce, jajka, mleko, starty ser cheddar, posiekaną zieloną cebulę, proszek czosnkowy, sól i pieprz. Mieszaj, aż dobrze się połączą.
d) Rozwałkuj spód ciasta i za pomocą okrągłej foremki do ciastek lub szklanki wytnij koła nieco większe niż rozmiar każdej muffinki.
e) Wciśnij każdy krążek ciasta w spód i w górę boków każdej muffinki, aby uformować mini-ciasto.
f) Wlać kremową mieszankę kukurydzianych słodkich ziemniaków do każdej muffinki, wypełniając je prawie do góry.
g) Piec w nagrzanym piekarniku przez 20-25 minut lub do momentu, aż quiche się zetną, a brzegi skórki staną się złotobrązowe.
h) Wyjmij z piekarnika i przed podaniem pozostaw do ostygnięcia na kilka minut.
i) Podawać na ciepło jako pyszną przystawkę lub przekąskę.

82. Makaron z tuńczykiem i kremem kukurydzianym

SKŁADNIKI:
- 8 uncji makaronu łokciowego
- 1 puszka (14,75 uncji) kremowej kukurydzy
- 1 puszka (5 uncji) tuńczyka, odsączonego
- 1 szklanka startego sera cheddar
- 1/4 szklanki startego parmezanu
- 1/2 szklanki mleka
- 2 łyżki niesolonego masła
- 2 łyżki mąki uniwersalnej
- 1/2 łyżeczki czosnku w proszku
- Sól i pieprz do smaku
- Posiekana świeża natka pietruszki do dekoracji (opcjonalnie)

INSTRUKCJE:
a) Makaron łokciowy ugotuj zgodnie z instrukcją na opakowaniu, aż będzie al dente. Odcedź i odłóż na bok.
b) Na dużej patelni rozpuść masło na średnim ogniu.
c) Dosyp mąkę uniwersalną i gotuj, ciągle mieszając, przez 1-2 minuty, aż powstanie zasmażka.
d) Stopniowo dodawaj mleko, aż będzie gładkie i gęste.
e) Wymieszaj kremową kukurydzę, odsączonego tuńczyka, posiekany ser cheddar, starty parmezan, proszek czosnkowy, sól i pieprz. Mieszać, aż sery się rozpuszczą, a sos dobrze się połączy.
f) Dodaj ugotowany makaron łokciowy na patelnię i mieszaj, aż równomiernie pokryje się sosem.
g) Gotuj przez dodatkowe 2-3 minuty lub do momentu, aż się rozgrzeje.
h) Posmakuj i w razie potrzeby dopraw do smaku.
i) W razie potrzeby przed podaniem udekoruj posiekaną świeżą pietruszką.

83.Ciasto Kukurydziane

SKŁADNIKI:
- ½ szklanki margaryny lub innego tłuszczu
- 1 łyżeczka wanilii
- 1 szklanka mleka lub substytutu mleka
- 3 jajka lub 1 całe jajko i 3 białka
- 1 szklanka mąki
- 1 łyżeczka proszku do pieczenia
- 1 szczypta soli (opcjonalnie)
- 2 puszki (16 uncji) kremu kukurydzianego

INSTRUKCJE:
a) Dodaj wszystkie składniki oprócz kukurydzy i dobrze wymieszaj.
b) Dodać kukurydzę, wymieszać.
c) Piec w temperaturze 350 stopni do twardości, około godziny.

84.Zupa kukurydziana

SKŁADNIKI:
- 1 ½ funta solonych warkoczyków pokrojonych na kawałki i ugotowanych
- 1 ¼ szklanki żółtego groszku, umytego
- 5 ¼ szklanki wody
- 4 ząbki czosnku, zmiażdżone
- 2 łyżki oleju kokosowego
- 6 gałązek świeżego tymianku
- 1 cebula, pokrojona w kostkę
- 2 łodygi selera, pokrojone w kostkę
- ¼ szklanki posiekanej świeżej pietruszki
- 3 szalotki, posiekane
- 3 papryczki Pimiento, pokrojone w kostkę
- 2 Czerwona papryczka chili „Ptasie oko".
- 3 łyżki posiekanych liści kolendry
- ¼ łyżeczki świeżo zmielonego czarnego pieprzu
- 2 szklanki pokrojonych w kostkę dyni
- 2 szklanki pokrojonych w kostkę słodkich ziemniaków
- 2 szklanki bulionu z kurczaka
- 1 ½ szklanki mleka kokosowego
- 2 marchewki, pokrojone w kostkę
- 4 Kukurydzę pokroić na kawałki
- 1 puszka kremu kukurydzianego
- 1 szklanka mrożonej kukurydzy
- 1 Mąkę o wszechstronnym przeznaczeniu
- 1 szczypta soli

INSTRUKCJE:
a) Połącz ugotowane warkocze z żółtym groszkiem i czosnkiem i zagotuj.
b) Gotuj na wolnym ogniu przez 35-40 minut lub do momentu, aż groszek będzie miękki.
c) Rozgrzej olej kokosowy na średnim ogniu, następnie dodaj cebulę, szalotki, świeży tymianek, papryczki Pimiento, liście kolendry, świeżą pietruszkę, czerwoną papryczkę chili Bird's Eye, seler i świeżo zmielony czarny pieprz. Gotuj około 4-5 minut.

d) Dodaj słodkie ziemniaki, dynię i marchewkę i dobrze wymieszaj. Następnie dodaj bulion z kurczaka i gotuj przez około 25 minut.
e) Dodaj groszek/warkocz do garnka z zupą i dobrze wymieszaj.
f) Dodaj mleko kokosowe, mrożoną kukurydzę i kremową kukurydzę.
g) Gotuj przez kolejne 20 minut.
h) Do miski wlać wodę, mąkę pszenną i sól i zagnieść miękkie ciasto. Ciasto odstawiamy na około 5 minut.
i) Podzielić na 3 mniejsze kulki i każdą część rozwałkować na gruby wałek ze słomy.
j) Pokrój w drobną kostkę, dodaj do gotującej się zupy.
k) Dodać pokrojone kawałki kukurydzy i smażyć około 5 minut.

85.Karaibski chleb kukurydziany Habanero

SKŁADNIKI:

- 1 szklanka żółtej mąki kukurydzianej
- 1 szklanka mąki; wszystkich celów
- 1 łyżka cukru
- 2 ½ łyżeczki proszku do pieczenia
- ½ łyżeczki soli
- ¼ szklanki oleju sałatkowego
- 1 duże jajko
- 1 puszka Kremu kukurydzianego; (8 1/2 uncji)
- ½ szklanki zwykłego jogurtu o niskiej zawartości tłuszczu
- ½ szklanki sera jack Monterey; rozdrobnione
- 2 łyżki chili Habanero; mielony
- 2 łyżki papryczki chili Anaheim; mielony

INSTRUKCJE:

a) W dużej misce wymieszaj mąkę kukurydzianą, mąkę, cukier, proszek do pieczenia i sól.
b) Dodaj olej, jajko, kukurydzę, jogurt, ser, habaneros i mieszaj, aż składniki zostaną równomiernie zwilżone.
c) Wlać ciasto do naoliwionej kwadratowej patelni o średnicy 8 cali. Piec w piekarniku o temperaturze 150°C, aż chleb będzie złocistobrązowy i zacznie odchodzić od boków patelni, 30-35 minut.

86. Ekstrawaganckie babeczki z karmelowym popcornem

SKŁADNIKI:
BABECZKI:
- 3 ½ szklanki mąki uniwersalnej
- 1 ¼ szklanki drobnego cukru pudru
- 3 łyżeczki proszku do pieczenia
- ½ łyżeczki drobnej soli
- ½ szklanki niesolonego masła, zmiękczonego
- 2 duże jajka
- 1 ½ szklanki pełnego mleka
- ½ szklanki oleju roślinnego
- 2 łyżki jogurtu greckiego lub kwaśnej śmietany
- 1 łyżeczka ekstraktu waniliowego lub pasty z ziaren wanilii
- 1 szklanka sosu toffi
- ¾ szklanki kremu kukurydzianego
- popcorn karmelowy

LUKIER:
- 1 porcja lukru Fluffy Buttercream

INSTRUKCJE:
BABECZKI:
a) Rozgrzej piekarnik do 180°C (356°F).
b) W misie miksera wyposażonego w przystawkę do łopatek połącz suche składniki (mąkę, cukier puder, proszek do pieczenia i sól) i mieszaj na małych obrotach.
c) W osobnej misce wymieszaj wszystkie mokre składniki (jogurt, jajka, krem kukurydziany, mleko, olej i wanilię).
d) Dodaj miękkie masło do suchych składników i mieszaj, aż ciasto stanie się ziarniste i będzie przypominać piasek.
e) Stopniowo dodawaj mokre składniki powolnym i stałym strumieniem, mieszając, aż dobrze się połączą. Zdrap miskę, aby upewnić się, że wszystkie składniki zostały włączone.
f) Ciasto przełóż do przygotowanych foremek na babeczki wyłożonych papierem do babeczek, wypełniając je do około ¾ wysokości.
g) Piec 20-25 minut lub do momentu, gdy wbity w środek patyczek będzie wychodził z wilgotnymi okruszkami.

h) Gdy babeczki całkowicie ostygną, za pomocą noża lub wydrążacza do jabłek wykonaj w środku każdej babeczki dziurę. Wypełnij dziury sosem toffi.

LUKIER:

i) Przygotuj porcję lukru Fluffy Buttercream.

MONTAŻ:

j) Za pomocą zwykłej końcówki nałóż babeczki kremem maślanym.
k) Skrop więcej sosu toffi na wierzchu mrożonych babeczek.
l) Każdą babeczkę posyp pęczkiem karmelowego popcornu.

87. Zupa kukurydziana z komosy ryżowej

SKŁADNIKI:
- ½ szklanki Quinoa, ugotowanej
- 1 szklanka ziemniaków pokrojonych w kostkę
- 2 marchewki
- 2 małe cebule
- 3 szklanki kukurydzy – może być częściowo śmietana
- 2 szklanki mleka
- 1 ½ łyżeczki soli
- Świeżo zmielony czarny pieprz
- ½ szklanki pietruszki
- Masło

INSTRUKCJE:
a) Gotuj komosę ryżową, ziemniaki, marchewkę, cebulę do miękkości (około 15 minut).
b) Dodaj kukurydzę. Doprowadzić ponownie do wrzenia i gotować jeszcze około 5 minut. Dodaj mleko.
c) Doprowadź do wrzenia. Doprawić do smaku. Udekoruj natką pietruszki i odrobiną masła.

88.Zapiekanka Kukurydziana

SKŁADNIKI:
- 2 puszki (14,75 uncji każda) kremowej kukurydzy
- 1 puszka (15,25 uncji) kukurydzy z całych ziaren, odsączonej
- 1 pudełko (8,5 uncji) mieszanki chleba kukurydzianego
- 1/2 szklanki kwaśnej śmietany
- 1/4 szklanki roztopionego masła
- 1 szklanka startego sera cheddar
- Sól i pieprz do smaku
- Opcjonalnie: posiekana zielona cebula do dekoracji

INSTRUKCJE:
a) Rozgrzej piekarnik do 175°C (350°F). Nasmaruj naczynie do pieczenia o wymiarach 9 x 13 cali.
b) W dużej misce wymieszaj śmietankę kukurydzianą, odsączoną kukurydzę z całych ziaren, mieszankę chleba kukurydzianego, kwaśną śmietanę, roztopione masło, pokruszony ser cheddar, sól i pieprz. Mieszaj, aż dobrze się połączą.
c) Powstałą masę wlać do przygotowanej formy do pieczenia i równomiernie rozprowadzić.
d) Piec w nagrzanym piekarniku przez 45-50 minut lub do momentu, aż zapiekanka się stwardnieje, a wierzch będzie złotobrązowy.
e) Wyjąć z piekarnika i pozostawić do ostygnięcia na kilka minut przed podaniem.
f) W razie potrzeby udekoruj posiekaną zieloną cebulą i podawaj na ciepło.

89. Kremowy dip kukurydziany

SKŁADNIKI:
- 2 puszki (14,75 uncji każda) kremowej kukurydzy
- 1 puszka (4 uncje) pokrojonego w kostkę zielonego chili, odsączonego
- 1 szklanka startego sera cheddar
- 1/2 szklanki kwaśnej śmietany
- 1/4 szklanki majonezu
- 1/4 szklanki posiekanej zielonej cebuli
- 1 łyżeczka czosnku w proszku
- Sól i pieprz do smaku
- Chipsy tortilla lub krakersy do podania

INSTRUKCJE:
a) Rozgrzej piekarnik do 175°C (350°F).
b) W misce wymieszaj śmietankę kukurydzianą, pokrojone w kostkę zielone chilli, starty ser cheddar, kwaśną śmietanę, majonez, posiekaną zieloną cebulę, czosnek w proszku, sól i pieprz. Mieszaj, aż dobrze się połączą.
c) Przełóż mieszaninę do naczynia do pieczenia i równomiernie ją rozprowadź.
d) Piec w nagrzanym piekarniku przez 25-30 minut lub do momentu, aż dip będzie musujący, a wierzch lekko złocisty.
e) Wyjąć z piekarnika i pozostawić do ostygnięcia na kilka minut przed podaniem.
f) Podawać na ciepło z chipsami tortilla lub krakersami do maczania.

90. Piersi z kurczaka nadziewane kremem kukurydziano-szpinakowym

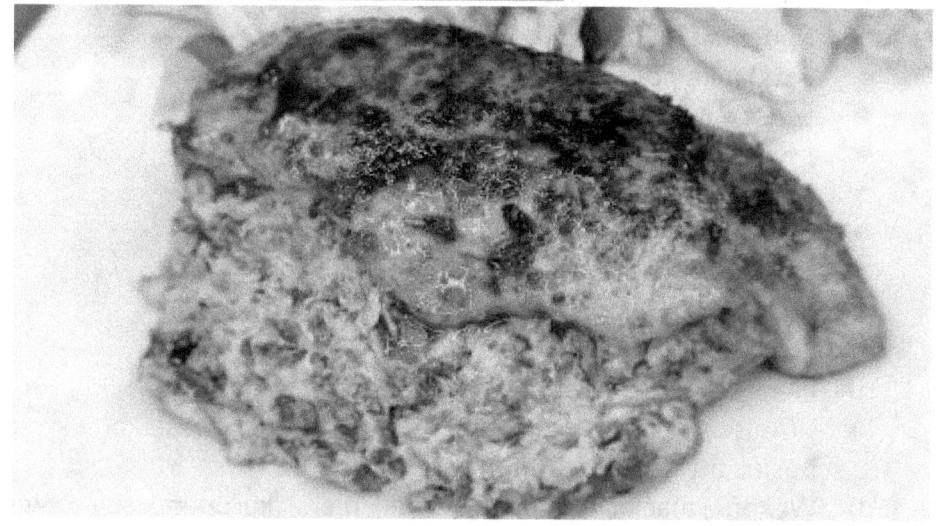

SKŁADNIKI:
- 4 piersi z kurczaka bez kości i skóry
- Sól i pieprz do smaku
- 1 puszka (14,75 uncji) kremowej kukurydzy
- 1 szklanka posiekanego szpinaku
- 1/2 szklanki startego sera mozzarella
- 1 łyżka oliwy z oliwek
- 2 ząbki czosnku, posiekane
- Posiekana świeża pietruszka do dekoracji

INSTRUKCJE:
a) Rozgrzej piekarnik do 190°C (375°F).
b) Piersi z kurczaka doprawiamy solą i pieprzem.
c) W misce wymieszaj śmietankę kukurydzianą, posiekany szpinak i posiekany ser mozzarella.
d) Wykonaj nacięcie z boku każdej piersi kurczaka, aby utworzyć kieszeń.
e) Każdą pierś z kurczaka nafaszeruj kremem kukurydzianym.
f) Rozgrzej oliwę z oliwek na patelni nadającej się do pieczenia w piekarniku na średnim ogniu.
g) Dodaj posiekany czosnek na patelnię i smaż, aż zacznie pachnieć, około 1 minuty.
h) Umieść nadziewane piersi z kurczaka na patelni i smaż z każdej strony na złoty kolor, około 2-3 minuty z każdej strony.
i) Przenieś patelnię do nagrzanego piekarnika i piecz przez 20-25 minut lub do momentu, aż kurczak będzie ugotowany.
j) Przed podaniem udekoruj posiekaną świeżą pietruszką.

91. Quiche z kremem kukurydzianym i szynką

SKŁADNIKI:

- 1 gotowy spód ciasta
- 2 puszki (14,75 uncji każda) kremowej kukurydzy
- 1 szklanka szynki pokrojonej w kostkę
- 1 szklanka startego sera szwajcarskiego
- 4 jajka
- 1/2 szklanki mleka
- Sól i pieprz do smaku
- Posiekany świeży szczypiorek do dekoracji

INSTRUKCJE:

a) Rozgrzej piekarnik do 190°C (375°F).
b) Formę do ciasta wyłóż przygotowanym wcześniej ciastem i zaciśnij krawędzie.
c) W misce wymieszaj śmietankę kukurydzianą, pokrojoną w kostkę szynkę i posiekany ser szwajcarski. Dobrze wymieszaj.
d) W drugiej misce wymieszaj jajka z mlekiem. Doprawić solą i pieprzem.
e) Wlać mieszaninę jajek na śmietankę kukurydzianą i wymieszać do połączenia.
f) Wlać mieszaninę do przygotowanego ciasta.
g) Piec w nagrzanym piekarniku przez 35-40 minut lub do momentu, aż quiche się zetnie, a skórka stanie się złotobrązowa.
h) Wyjmij z piekarnika i pozostaw do ostygnięcia na kilka minut przed pokrojeniem.
i) Przed podaniem udekoruj posiekanym świeżym szczypiorkiem.

92. Pieczarki faszerowane kukurydzą i boczkiem w kremie

SKŁADNIKI:
- 1 puszka (14,75 uncji) kremowej kukurydzy
- 12 dużych grzybów, usunięto łodygi i oczyszczono kapelusze
- 6 plasterków boczku, ugotowanych i pokruszonych
- 1/2 szklanki startego sera mozzarella
- 2 łyżki startego parmezanu
- 2 zielone cebule, pokrojone w cienkie plasterki
- Sól i pieprz do smaku

INSTRUKCJE:
a) Rozgrzej piekarnik do 190°C (375°F).
b) W misce wymieszaj śmietankę kukurydzianą, ugotowany, pokruszony boczek, posiekany ser mozzarella, tarty parmezan, pokrojoną w plasterki zieloną cebulę, sól i pieprz. Dobrze wymieszaj.
c) Do każdej czapki grzybowej włóż kremową mieszankę kukurydzianą, obficie je napełniając.
d) Nadziewane pieczarki układamy na blaszce wyłożonej papierem do pieczenia.
e) Piec w nagrzanym piekarniku przez 15-20 minut lub do momentu, aż grzyby będą miękkie, a nadzienie dobrze się podgrzeje.
f) Wyjmij z piekarnika i przed podaniem pozostaw do ostygnięcia na kilka minut.

93. Zapiekanka śniadaniowa z kremem z kukurydzy i kiełbasy

SKŁADNIKI:
- 2 puszki (14,75 uncji każda) kremowej kukurydzy
- 1 funt kiełbasy śniadaniowej, ugotowanej i pokruszonej
- 6 kromek chleba, pokrojonych w kostkę
- 8 jaj
- 1 szklanka startego sera cheddar
- 1/2 szklanki mleka
- 1/4 szklanki posiekanej zielonej cebuli
- Sól i pieprz do smaku

INSTRUKCJE:

a) Rozgrzej piekarnik do 175°C (350°F). Nasmaruj naczynie do pieczenia o wymiarach 9 x 13 cali.
b) W dużej misce wymieszaj śmietankę kukurydzianą, ugotowaną pokruszoną kiełbasę śniadaniową, pokrojony w kostkę chleb, pokruszony ser cheddar, posiekaną zieloną cebulę, sól i pieprz. Dobrze wymieszaj.
c) W drugiej misce wymieszaj jajka z mlekiem.
d) Wlać mieszaninę jajek na śmietankę kukurydzianą i wymieszać do połączenia.
e) Powstałą masę wlać do przygotowanej formy do pieczenia i równomiernie rozprowadzić.
f) Piec w nagrzanym piekarniku przez 40-45 minut lub do momentu, aż zapiekanka się stwardnieje, a wierzch będzie złotobrązowy.
g) Wyjąć z piekarnika i pozostawić do ostygnięcia na kilka minut przed podaniem.

94. Kremowa papryka nadziewana kukurydzą i krabem

SKŁADNIKI:
- 2 puszki (14,75 uncji każda) kremowej kukurydzy
- 1 szklanka gotowanego mięsa krabowego
- 4 papryki przekrojone na pół i usunięte z nasion
- 1 szklanka ugotowanego ryżu
- 1/2 szklanki startego sera Monterey Jack
- 2 zielone cebule, pokrojone w cienkie plasterki
- Sól i pieprz do smaku
- Posiekana świeża pietruszka do dekoracji

INSTRUKCJE:
a) Rozgrzej piekarnik do 190°C (375°F). Nasmaruj naczynie do pieczenia.
b) W misce wymieszaj kremową kukurydzę, ugotowane mięso kraba, ugotowany ryż, posiekany ser Monterey Jack, pokrojoną w plasterki zieloną cebulę, sól i pieprz. Dobrze wymieszaj.
c) Nadziewaj każdą połówkę papryki kremową mieszanką kukurydzianą.
d) Umieść nadziewane papryki w przygotowanym naczyniu do zapiekania.
e) Przykryj naczynie folią aluminiową i piecz w nagrzanym piekarniku przez 25-30 minut.
f) Zdejmij folię i piecz przez kolejne 10-15 minut lub do momentu, aż papryka będzie miękka, a nadzienie dobrze się podgrzeje.
g) Wyjmij z piekarnika i przed podaniem pozostaw do ostygnięcia na kilka minut.
h) Przed podaniem udekoruj posiekaną świeżą pietruszką.

95.Ciasto z kremem kukurydzianym i kurczakiem

SKŁADNIKI:
- 2 puszki (14,75 uncji każda) kremowej kukurydzy
- 2 szklanki gotowanego kurczaka, posiekanego
- 1 szklanka mrożonych warzyw mieszanych (marchew, groszek, kukurydza, fasolka szparagowa)
- 1/2 szklanki bulionu z kurczaka
- 1/4 szklanki mąki uniwersalnej
- 1/4 szklanki gęstej śmietanki
- Sól i pieprz do smaku
- 1 gotowy spód ciasta

INSTRUKCJE:
a) Rozgrzej piekarnik do 190°C (375°F). Nasmaruj naczynie do ciasta.
b) W dużej misce wymieszaj śmietanę kukurydzianą, ugotowany, posiekany kurczak, mrożone warzywa mieszane, bulion z kurczaka, mąkę uniwersalną, gęstą śmietanę, sól i pieprz. Dobrze wymieszaj.
c) Wlać mieszaninę do przygotowanej formy na ciasto.
d) Na wierzch nadzienia nałóż gotowy spód ciasta i zaciśnij krawędzie, aby je uszczelnić.
e) W górnej części ciasta wykonaj kilka nacięć, aby umożliwić ujście pary.
f) Piec w nagrzanym piekarniku przez 35-40 minut lub do momentu, aż skórka będzie złocistobrązowa, a nadzienie będzie musujące.
g) Wyjąć z piekarnika i pozostawić do ostygnięcia na kilka minut przed podaniem.

96. Skórki ziemniaczane z kremem kukurydzianym i bekonem

SKŁADNIKI:
- 4 duże rdzawe ziemniaki
- 2 puszki (14,75 uncji każda) kremowej kukurydzy
- 6 plasterków boczku, ugotowanych i pokruszonych
- 1 szklanka startego sera cheddar
- 2 zielone cebule, pokrojone w cienkie plasterki
- Sól i pieprz do smaku
- Śmietana do podania

INSTRUKCJE:
a) Rozgrzej piekarnik do 200°C (400°F).
b) Ziemniaki oczyścić i nakłuć widelcem. Ułóż je na blasze do pieczenia i piecz w nagrzanym piekarniku przez 45-60 minut lub do miękkości.
c) Pozwól ziemniakom lekko ostygnąć, a następnie przekrój je wzdłuż na pół. Z każdej połówki ziemniaka wydrąż miąższ, tworząc wgłębienie.
d) W misce wymieszaj śmietankę kukurydzianą, ugotowany, pokruszony boczek, pokruszony ser cheddar, pokrojoną w plasterki zieloną cebulę, sól i pieprz. Dobrze wymieszaj.
e) Włóż kremową mieszankę kukurydzianą do każdej połówki skórki ziemniaczanej, obficie je napełniając.
f) Włóż nadziewane skórki ziemniaków do piekarnika i piecz przez dodatkowe 10-15 minut lub do momentu, aż nadzienie się rozgrzeje, a ser się roztopi i zacznie bulgotać.
g) Wyjmij z piekarnika i przed podaniem pozostaw do ostygnięcia na kilka minut.
h) Podawać gorące, z kleksem kwaśnej śmietany na wierzchu.

97. Kremowe papryczki jalapeno z kukurydzą i bekonem

SKŁADNIKI:

- 12 dużych papryczek jalapeño, przekrojonych na pół i usuniętych z nasion
- 2 puszki (14,75 uncji każda) kremowej kukurydzy
- 6 plasterków boczku, ugotowanych i pokruszonych
- 1/2 szklanki startego sera Cheddar
- 2 łyżki startego parmezanu
- Sól i pieprz do smaku

INSTRUKCJE:

a) Rozgrzej piekarnik do 190°C (375°F).
b) W misce wymieszaj śmietankę kukurydzianą, ugotowany, pokruszony boczek, pokruszony ser cheddar, starty parmezan, sól i pieprz. Dobrze wymieszaj.
c) Nadziewaj każdą połówkę papryczki jalapeno kremem kukurydzianym, delikatnie dociskając.
d) Nadziewane papryczki jalapeno układamy na blasze wyłożonej papierem do pieczenia.
e) Piec w nagrzanym piekarniku przez 20-25 minut lub do momentu, aż papryka będzie miękka, a nadzienie dobrze się podgrzeje.
f) Wyjmij z piekarnika i przed podaniem pozostaw do ostygnięcia na kilka minut.

98. Jajka faszerowane kukurydzą i bekonem w kremie

SKŁADNIKI:
- 6 jajek na twardo, obranych i przekrojonych na połówki
- 2 puszki (14,75 uncji każda) kremowej kukurydzy
- 4 plasterki boczku, ugotowane i pokrojone
- 2 łyżki majonezu
- 1 łyżka musztardy Dijon
- Sól i pieprz do smaku
- Posiekany świeży szczypiorek do dekoracji

INSTRUKCJE:
a) Z jajek ugotowanych na twardo wyjmij żółtka i włóż je do miski.
b) Żółtka roztrzepać widelcem, dodać śmietanę kukurydzianą, pokruszony boczek, majonez, musztardę Dijon, sól i pieprz. Mieszaj, aż dobrze się połączą.
c) Włóż kremową mieszankę kukurydzianą do połówek białek, równomiernie je dzieląc.
d) Przed podaniem udekoruj posiekanym świeżym szczypiorkiem.

99. Piersi z kurczaka nadziewane kremem kukurydzianym i serem Cheddar

SKŁADNIKI:
- 4 piersi z kurczaka bez kości i skóry
- Sól i pieprz do smaku
- 2 puszki (14,75 uncji każda) kremowej kukurydzy
- 1 szklanka startego sera cheddar
- 1/4 szklanki posiekanej świeżej pietruszki
- 1 łyżka oliwy z oliwek

INSTRUKCJE:
a) Rozgrzej piekarnik do 190°C (375°F).
b) Piersi z kurczaka doprawiamy solą i pieprzem.
c) W misce wymieszaj śmietankę kukurydzianą, posiekany ser cheddar i posiekaną świeżą pietruszkę. Dobrze wymieszaj.
d) Wykonaj nacięcie z boku każdej piersi kurczaka, aby utworzyć kieszeń.
e) Każdą pierś z kurczaka nafaszeruj kremem kukurydzianym.
f) Rozgrzej oliwę z oliwek na patelni nadającej się do pieczenia w piekarniku na średnim ogniu.
g) Dodaj nadziewane piersi z kurczaka na patelnię i smaż przez 3-4 minuty z każdej strony, aż uzyskasz złoty kolor.
h) Przenieś patelnię do nagrzanego piekarnika i piecz przez 20-25 minut lub do momentu, aż kurczak będzie ugotowany.
i) Podawać na gorąco.

100. Zapiekanka z kremem kukurydziano-ziemniaczanym

SKŁADNIKI:

- 2 puszki (14,75 uncji każda) kremowej kukurydzy
- 4 duże ziemniaki, obrane i pokrojone w cienkie plasterki
- 1 cebula, pokrojona w cienkie plasterki
- 2 ząbki czosnku, posiekane
- 1 szklanka startego sera Gruyere
- 1/2 szklanki startego parmezanu
- 1/2 szklanki gęstej śmietanki
- 2 łyżki masła
- Sól i pieprz do smaku
- Posiekany świeży tymianek do dekoracji

INSTRUKCJE:

a) Rozgrzej piekarnik do 190°C (375°F). Nasmaruj naczynie do pieczenia.
b) W rondlu rozpuść masło na średnim ogniu.
c) Do rondelka dodajemy pokrojoną w cienkie plasterki cebulę i przeciśnięty przez praskę czosnek. Gotuj, aż zmięknie, około 5 minut.
d) Na dnie przygotowanego naczynia do zapiekania ułóż połowę pokrojonych w plasterki ziemniaków.
e) Połóż połowę kremowej mieszanki kukurydzianej na ziemniakach.
f) Posyp połową startego sera Gruyere i startego parmezanu na kremową mieszankę kukurydzianą.
g) Powtórz warstwy z pozostałymi ziemniakami, kremową mieszanką kukurydzianą i serami.
h) Na wierzch wylej gęstą śmietanę.
i) Przykryj naczynie do pieczenia folią aluminiową i piecz w nagrzanym piekarniku przez 45 minut.
j) Zdejmij folię i piecz przez kolejne 15-20 minut lub do momentu, aż ziemniaki będą miękkie, a wierzch będzie złotobrązowy.
k) Przed podaniem udekoruj posiekanym świeżym tymiankiem.

WNIOSEK

Kończąc naszą podróż przez słodkie i pikantne smaki kukurydzy w puszkach, mam nadzieję, że poczujesz inspirację do wykorzystania tego skromnego podstawowego składnika spiżarni i wyniesienia swoich kulinarnych kreacji na nowy poziom. „Kompletna książka kucharska z kukurydzą w puszkach" została stworzona z pasji do celebrowania bogatych i różnorodnych smaków kukurydzy, prezentując jej wszechstronność i smakowitość w różnorodnych inspirowanych przepisach.

Kontynuując swoje kulinarne przygody, pamiętaj, że kukurydza w puszkach to coś więcej niż tylko wygodny przedmiot w spiżarni – to wszechstronny składnik, który może dodać głębi, smaku i tekstury szerokiej gamie potraw. Niezależnie od tego, czy przygotowujesz szybki posiłek w tygodniu, czy organizujesz świąteczne spotkanie z przyjaciółmi i rodziną, kukurydza w puszkach z pewnością będzie mile widzianym dodatkiem do Twojego kuchennego repertuaru.

Dziękuję, że towarzyszysz mi w tej kulinarnej podróży. Niech Twoje posiłki zawsze będą wypełnione słodko-pikantną kukurydzą w puszkach, a Twoja kuchnia nadal będzie miejscem kreatywności, inspiracji i pysznych odkryć. Do ponownego spotkania, miłego gotowania i smacznego!

www.ingramcontent.com/pod-product-compliance
Lightning Source LLC
Chambersburg PA
CBHW071908110526
44591CB00011B/1595